Wenn wir einen Menschen
glücklicher und heiterer machen können,
so sollten wir es in jedem Fall tun,
mag er uns darum bitten oder nicht.

HERMANN HESSE

Für Roman
Jai Hanuman!

JESSICA LIBBERTZ

NO SHAME

Wie wir den **Teufelskreis der destruktiven Scham** verlassen

INHALT

VON ANFANG AN

EINFACH BESCHÄMEND!

Ich schäme mich. Ganz egal wie groß oder klein das vermeintliche Vergehen war, ob ich mich nun zu spät auf eine SMS gemeldet oder eine Frage nicht richtig beantwortet habe. Ich schäme mich. Um dagegen anzukommen, kaufe ich, esse ich und hungere ich, aber es hilft alles nichts. Ich schäme mich. So wie wir alle. Wir wollen es nur nicht wahrhaben – und da beginnt das eigentliche Dilemma …

Wer kennt das nicht: Der Atem wird plötzlich flach, das Gesicht puterrot, uns wird heiß und kalt zugleich. Auf einen kurzen Moment des Schocks folgt die qualvolle Gewissheit, versagt zu haben. Nichts kann uns Erleichterung verschaffen. Die Zeit verrinnt in Superzeitlupe, alles steht so gut wie still. Von innen pocht das Blut gegen das Trommelfell. Dann bricht sie wie eine Flutwelle über uns zusammen: die Scham.

Sie überfällt uns hinterrücks und lässt uns nicht mehr los. Sie findet zig Mittel und Wege, um uns das Leben so schwer wie möglich zu machen. Überall lauern Schamfallen, ständig werden wir konfrontiert mit unseren eigenen Unzulänglichkeiten. Aber was ist eigentlich Scham? Woher kommt sie, wie und warum geißelt sie uns, und wieso zählt sie zu den größten Tabus unserer Gesellschaft? Warum darf man sich eigentlich nicht schämen – und dennoch tut es jeder, manche nur einen Augenblick, andere ein ganzes Leben lang? Was sind die Unterschiede zwischen dem akuten unguten Gefühl, das wir bei einer kleinen Peinlichkeit empfinden, und der langfristigen, destruktiven Scham, die weite Teile des Lebens bestimmt, ohne dass wir es überhaupt merken? Die Antworten finden Sie in diesem Buch.

Seit meiner Recherche zu »No Shame« frage ich die Menschen, denen ich begegne, wann sie sich das letzte Mal geschämt haben. Die Antworten sind wirklich verblüffend! Niemand ist frei von diesem Gefühl, wirklich niemand. Wer ist noch nicht in die Farbe einer sonnengereiften Tomate geschlüpft, wenn ihn eine

Peinlichkeit unvermittelt überrumpelt hat? Wir erröten, wenn wir uns vor anderen unmittelbar schämen, doch die Scham sabotiert uns auch ganz mühelos ohne Publikum.

Denn sie macht beim Erröten, beim klassischen »Sich-ertappt-Fühlen«, noch lang nicht halt. Im Gegenteil! Wissenschaftler haben mittlerweile herausgefunden, dass Scham nachweislich einen äußerst negativen Einfluss auf unser Immunsystem hat und sogar krank machen kann!

Scham hat sich zu einer unerkannten Seuche entwickelt, die die Gesellschaft unterwandert, den Einzelnen ins Unglück stürzt und unser Sozialleben immens beeinflusst. Und das ganz sicher nicht zum Positiven. Scham ist eine schmerzhafte, selbstbewusste Emotion, in der man das gesamte Selbst als fehlerhaft empfindet. Mit dieser äußerst destruktiven Scham beschäftigen wir uns in diesem Buch.

»Scham ist eine schmerzhafte, selbstbewusste Emotion, in der man das gesamte Selbst als fehlerhaft empfindet.«

Top-Manager schämen sich, weil sie im Grunde ihres Herzens spüren, dass sie die Vaterrolle der Karriere zuliebe verdrängen und die Verantwortung für die Kinder komplett der Mutter überlassen. Die weniger Gebildeten schämen sich, weil sie schlecht Englisch sprechen. Und beinahe jede Frau schämt sich, weil sie nicht dem bizarren, ausgehungerten Schönheitsideal entspricht. Es gibt Millionen Frauen auf der Welt, die gern ihren Körper eintauschen würden gegen den eines hyperdürren Supermodels. Aber von dieser komischen Laune der Natur gibt es doch nur ein paar Handvoll! Auf dem gesamten Erdball! Und die waren wiederum als Kinder die Dummen, über die die Mitschüler die Nase rümpften und mit denen man NICHT tauschen wollte. Eben weil sie so lang und dürr waren.

Wir schämen uns, weil wir älter werden, weil wir schwindeln, etwas vergessen haben, zu spät kommen, nicht perfekt sind, der Hund zu wenig draußen war, das Bad dreckig, das Auto unordentlich, die Beförderung an uns vorbeigegangen ist. Wir schämen uns für Außenstehende genauso wie für unsere Familien, wir schämen uns, weil wir zu spät aufgestanden sind, nicht nett zu den Nachbarn waren. Wenn Ihnen all das überhaupt nichts ausmacht, dann zählen Sie zu den bereits Befreiten und dürfen das Buch gern weglegen. Alle anderen: bitte weiterlesen!

Wer von Ihnen erinnert sich denn nicht an den Nachhauseweg mit der Last einer schlechten Note oder im späteren Leben an die Scham über nächtliche Fressanfälle, gepaart mit krümeligen Spuren der Schuld am Morgen? Oder war es einfach nur Faulheit oder ein Fehler, der uns in die Schambredouille brachte? Der wohl berühmteste Satz in der Philosophie überhaupt stammt von Descartes: »Ich denke, also bin ich.« Abgewandelt könnte das heißen: »Ich denke, also leide ich.« Und so macht die Scham vor wirklich niemandem halt.

Ein Großteil des Gehirns bildet sich bis zum Alter von vier Jahren aus, danach tut sich bis zur Pubertät auch noch jede Menge. Anschließend aber ist das Feld so gut wie bestellt. Natürlich können wir viel lernen in unserer hoffentlich langen Lebenszeit, aber die Grundstrukturen und die Verknüpfungen unseres neuronalen Gitterbetts sind weitgehend festgelegt. Ebenso erlernen wir sehr früh das Leistungs- und Belohnungsprinzip.

Genau in diesem Stadium entwickelt sich auch die Scham, denn wir sind zu 100 Prozent verletzlich. Da ist einerseits die ewige Angst, nicht gut genug zu sein, Mama und Papa nicht zu gefallen, damit möglicherweise ausgeschlossen zu werden – und am Ende die Angst zu sterben.

Da wir allein nicht überleben können, und das für eine sehr lange Zeit, sind wir auf das »Alles-richtig-machen«-Prinzip angewiesen. Unseren Eltern ist kein Vorwurf zu machen, sie entstammen einer Nachkriegsgeneration, in der es nur ums knallharte Überleben ging. Die Prinzipien von bedingungsloser Liebe und Verbundenheit hier einzufordern, übersteigt das Vorstellbare.

Und so hat sich die Scham in unserer Gesellschaft unbemerkt eingenistet und verbreitet, heimlich befeuert zusätzlich vom Schuld-und-Sühne-Faktor der christlichen Religion. Jesus liebt jene, die folgsam sind – und so glauben wir, dass wir geliebt werden, wenn wir funktionieren.

Sei brav, halt die Klappe, und du wirst geliebt.
Benimmt dich anständig, und du wirst geliebt.
Hau deine Schwester nicht, und du wirst geliebt.

Liebe aber erfordert keine Leistung. Eines der berühmtesten Zitate von Paulo Coelho lautet: »One is loved because one is loved. No reason is needed for loving.«[1] Übersetzt will er uns in etwa damit sagen: Du wirst geliebt, weil du geliebt wirst. Für die Liebe gibt es keinen Grund. Exakt! Liebe braucht keine Begründung. Sie existiert.

Wir Erwachsenen müssen jedoch über eine große Klippe springen, um unsere Scham zu überwinden. Denn es gilt, den Teufelskreis der destruktiven Scham zu verlassen und einen riesigen Schritt ins Ungewisse zu wagen. Sie haben aber einen Teil des Schlüssels bereits in der Hand, denn Sie lesen dieses Buch.

Ich gebe es ganz ehrlich zu: Für mich gestaltet es sich selbst heute noch schwierig, mich bedingungslos anzunehmen. Es gelingt mir auch nicht immer, und vielleicht wird mir die Scham bis zum Ende meiner Tage ab und an zu schaffen machen. Sie übermannt mich, wenn ich zu viel gegessen habe, wenn ich mein Tagespensum nicht erreiche, wenn ich einfach das Gefühl habe, versagt zu haben. Warum vermeintliche Kleinigkeiten uns aber im Gefühl zurücklassen, regelrecht versagt zu haben, und dies wiederum auch sehr quälend sein kann, dem wollen wir in diesem Buch nachgehen.

Ein persönliches Beispiel: Familienfeste hatten für mich immer einen ähnlichen Prüfungscharakter wie das Abitur – da bin ich auch nicht so wahnsinnig gern hingegangen. Schon im Vorfeld geriet ich in heillose Panik. Sie waren in meinem Gehirn der ultimative Gipfel des gesamten »Ich-bin-nicht-gut-genug-Universums«. Und das hatte überhaupt nichts mit der Verwandtschaft zu tun! Als ich etwa die Familie meines Mannes kennenlernen sollte, die ich bis dato noch nie gesehen hatte, überfiel mich die Scham hinterrücks und völlig unvermittelt. Zunächst tarnte sie sich allerdings als der altbekannte Klassiker: »Ich habe nichts anzuziehen«, krakeelte ich zunächst aus vollem Hals, um die Abfahrt zum Restaurant hinauszuzögern. Ich benahm mich wie eine bockige Dreijährige und brachte meinen armen Ehemann in eine verzwickte Situation – denn er hasst es, zu spät zu kommen, und bekommt im Taxi jedes Mal schweißnasse Hände, wenn wir bei irgendeinem Theater- oder Konzertbesuch in Verzug sind. Ich fühlte mich fürchterlich. Nichts passte, in allem kam ich mir fett und hässlich vor.

Ich fand also kein passendes Outfit und brachte auch noch meinen geliebten Ehemann in eine für ihn teuflische Situation. Na bravo! Ich ging ins Bad und schüttelte mich. Selbst wenn es vielleicht nicht wichtig erscheint, so wusste ich doch genau, dass ich in der Schamfalle saß und mich am Scheideweg befand. Big time. Ich konnte mich ihr beugen oder ihr den Nährboden entziehen. Es half in diesem akuten Fall nur ein einziges Mittel: Ehrlichkeit. Sich der Scham stellen, auch mit dem unangenehmen Wissen, für meinen Partner nicht im Geringsten der perfekten Ehefrau zu entsprechen. Mein Benehmen war mir schlichtweg peinlich. Aber aus mir sprach die kindliche Scham Dutzender Familien-»Feste«, die für mich immer ein psychischer 400-Meter-Hürdenlauf gewesen waren. Und wer schon einmal 400 Meter Hürden gelaufen ist, der weiß: Es tut weh.

Da stand ich also in diesem Hotelbadezimmer mit seinem Marmorwaschtisch, mit all meinen Erfahrungen und doch in einem völlig anderen Jetzt, das es zu akzeptieren galt. Mein Fluchtwille aber war ungebrochen. »Wir müssen uns unsere Mechanik verzeihen. Denn diese Mechanik ist unsere Überlebensstrategie«, sagt der bekannte Coach und Psychologe Jens Corssen. Wir können uns nur selbst unsere Mechanik vergeben. Denken Sie daran: Das Gehirn bildet sich hauptsächlich zwischen dem ersten Lebenstag und dem vierten Lebensjahr. Da haben Sie wenig zu sagen, und da werden die Grundstrukturen Ihrer Denkmuster gelegt. Also müssen Sie sich Ihre Mechanik sogar verzeihen – Sie können ja nichts dafür, mit welchen Sätzen Ihre neuronalen Bahnen gefüttert wurden.

Ich beschloss also im vorteilhaften Dämmerlicht des Badezimmers, mir meine Mechanik zu verzeihen und zu springen. Ich sprang ins Ungewisse. Noch nie zuvor hatte ich einem Menschen meine Ängste so schonungslos offenbart wie meinem frischgebackenen Ehemann. Und glauben Sie mir, es ist nicht schön, wenn man eine Neurose offenlegen muss. Es half nur nichts. »Ich fühle mich hässlich, weil ich Angst habe«, sagte ich und bemerkte, wie mir die Tränen in die Augen stiegen. »Ich habe Angst, vor deinen Verwandten zu versagen oder nicht gut genug zu sein. Ich bin nicht gut in Familienfesten, und ehrlich gesagt meide ich sie am liebsten«, gluckste ich und fügte dann, völlig in Scham zerflossen, hinzu: »Es tut mir außerdem wahnsinnig leid, dass ich dich auch noch in zeitliche Bedrängnis bringe.«

Mein Mann tat das einzig Richtige. Er nahm mich in den Arm und sagte: »Lass das Stöckchen los. Wir sind hier keine kindlichen Opfer, und du bist eine tolle, erwachsene Frau. Wir werden das gemeinsam rocken. Außerdem ist es mir völlig egal, ob dich irgendjemand mag oder nicht. Du bist meine Frau, das ist das Einzige, was zählt. Und ich liebe dich.«

Die Pfunde, die meine Kleider zwicken ließen und darin Falten warfen, purzelten zwar nicht, aber dafür fiel eine ganze Geröllhalde von meinem Herzen. Mein Mann liebte mich, und gerade in diesen Mangelsituationen sogar ein Stückchen mehr. Nicht weil er gern eine kleine, schwache Frau hat – im Gegenteil –, sondern weil wir in der Verletzlichkeit wir selbst sind, solange wir durchlässig bleiben und den inneren Widerstand gegen die Situation aufgeben.

Die Scham aber steht uns dabei immer wieder im Weg. Sie zwingt uns, in uralten Denkmustern stecken zu bleiben. Sie tut uns wenig Gutes, wenn wir sie nicht ehrlich betrachten. Die amerikanische Bestsellerautorin Brené Brown, seit über einem Dutzend Jahren auf dem Gebiet der Forschung über Scham und Verletzlichkeit tätig, bezeichnet sie als Epidemie, für Brown »der geheime Grund vieler Formen gestörten Verhaltens«. Sie bestimmt über unser Leben oft in völlig ungeahntem Ausmaß. In diesem Buch erfahren Sie, welche Auswirkungen die Scham hat und wie wir ihr Einhalt gebieten können. Sie sind es schließlich wert, ein wundervolles Leben zu leben und seine gesamte Fülle zu genießen.

Ich bin mit dem Grundgefühl aufgewachsen, nicht gut genug zu sein. Scham war mein ständiger Begleiter. Ich wurde in der Schule gehänselt, weil ich nicht den ortstypischen Dialekt sprach und meine Eltern Lehrer waren. Ich ging ungern zur Schule, obwohl ich sehr gute Noten hatte, da ich mich andauernd vor meinen Mitschülern schämte. Ständig wurde hinter meinem Rücken getuschelt, und anstatt mich zu wehren, versank ich in Scham. Es war die Quadratur des Kreises: Ich wollte beliebt sein, aber dafür hatte ich zu gute Noten. Lernen fiel mir leicht, doch ich wurde dafür bestraft.

Ich schämte mich so sehr, dass ich meine Leistungen runterschraubte und in der neunten Klasse begann, den pfälzischen Dialekt wie eine Fremdsprache zu lernen. Parallel entwickelte ich eine Essstörung, die ebenfalls mein Schamgefühl ständig befeuerte. Erst nach weiteren Krisen als Erwachsene, ich hatte die 40 bereits überschritten, führte mich das Schicksal nach Indien, wo ein Brahmane mich zur Seite nahm und zu mir sagte: »Weißt du, Jessica, ihr westlichen Frauen habt alle das gleiche Problem. Ihr wachst auf im Glauben, nicht gut genug zu sein. Das habt ihr intellektuell sogar begriffen. Aber ihr habt nicht verstanden, was darauf folgt. Denn auf das ›Ich bin nicht gut genug‹ folgt ›Ich verdiene Bestrafung‹. Und das ist euer größtes Problem.«

»Meine Scham für meine Unzulänglichkeit zwang mich geradezu, mich andauernd selbst zu bestrafen.«

Ich hielt den Atem an. Das war das Puzzleteil in all meinem Wahnsinn, das mir gefehlt hatte! Endlich begriff ich. Ich hatte mich selbst bestraft. Jahrzehntelang. Meine Scham für meine Unzulänglichkeit zwang mich geradezu, mich andauernd selbst zu bestrafen auf nahezu allen Ebenen – sei es mit destruktiven Gedanken, zerstörerischen Beziehungen oder öffentlichen Bewertungen jeglicher Art.

Ich hatte mich auch mit Dingen bestraft, die oberflächlich gar nicht als solche zu erkennen waren. Zum Beispiel mit überteuerter Kleidung – das Geld hätte ich viel besser angelegt, um mir finanzielle Sicherheit zu schaffen. Und auch das zählt zu den üblen Marotten der unterdrückten Scham: Man versucht, sein Belohnungszentrum durch die Hintertür zu aktivieren. Der kurzzeitige Shoppingrausch endet aber meist schon daheim mit dem finanziellen Kater. Und damit bin ich verdammt noch mal nicht allein. Eine Milliardenindustrie lebt sehr gut vom Schamgefühl von Männlein und Weiblein, wir hungern, wir cremen, wir shoppen – wir tun alles, um uns vom Kern der Wahrheit abzulenken. Und der lautet: Wir schämen uns. Immer noch. Täglich. Die gute Nachricht lautet an dieser Stelle:

1. Scham lässt sich überwinden, es gibt Wege zu deutlich besserer Gestimmtheit, und
2. aus der richtigen Perspektive gibt sie gute Hinweise für ein deutlich glücklicheres Leben.

Scham kann also auch ein Wegweiser sein, aber dazu müssen wir sie erst einmal erkennen und verstehen. Ich würde mich sehr freuen, wenn Sie mich auf die Reise in diesem Buch begleiten würden. Ich würde Sie gern mitnehmen, denn ich habe all die negativen Gefühle kennengelernt, ich weiß, wie schmerzhaft es ist, sich jahrzehntelang selbst zu geißeln, und ich kenne das Gefühl der Unzulänglichkeit aus all meinen Wurzeln heraus. Ich weiß, wie sich Depressionen anfühlen können, und ich kenne das Chaos im Kopf, das beinahe keinen Ausweg mehr duldet. Aber dank einiger wunderbarer Menschen und dank des Schicksals habe ich einen Weg entdeckt, der mich zu einem »happy human« gemacht hat, zu einem wirklich glücklichen Menschen.

Gestern war ich beim Arzt, um meine Laborwerte zu besprechen, und er teilte mir mit, dass mein Serotoninwert über dem Normbereich liege. Ich musste grinsen. Er lächelte auch und sagte: »Nach diesen Werten hier, Frau Libbertz, sind Sie ein glücklicher Mensch.« Und ja, ja, ja, das bin ich!

NO SHAME

Warum uns die **destruktive**
Scham das Leben schwer macht

Dass Schwaches das Starke besiegt und
Weiches das Harte besiegt,
weiß jedermann auf Erden,
aber niemand vermag danach zu handeln.

LAOTSE

SCHAM – DER SUMPF DER SEELE

Versagen ist nicht nur eine Option. Versagen ist ein MUSS! In einer Welt der zyklischen Gesetze ist Versagen die einzige Möglichkeit zum lang anhaltenden Erfolg. Nehmen Sie die deutsche Fußball-Nationalmannschaft. Seit 2002 eine scheinbar unaufhörliche Erfolgsgeschichte. Der Erfolg aber ist im Misserfolg begründet und umgekehrt, so erinnere ich mich an eine der Weisheiten des Dalai-Lama. Deshalb war das Scheitern bei der letzten Weltmeisterschaft eingepreist. Ohne Scheitern kein Fortschritt. Scheitern ist notwendig, um im Zyklus von Erfolg und Misserfolg wieder in den Erneuerungsprozess zu gehen.

Wer nicht scheitert, hat keinen Erfolg. Und wer keinen Erfolg hat, scheitert nicht.

Ich habe oftmals versagt. In meiner eigenen Wahrnehmung täglich. Ich habe die schlimmen Kritiken aus meiner Anfangszeit beim Fernsehen auch noch gegoogelt, und wenn ich bei einer Sendung einen Fehler gemacht hatte, lag ich nächtelang wach und geißelte mich. Der Feind in meinem Kopf hämmerte ohne Unterlass auf mich ein: »Du bist eben nicht gut genug. Du bist nicht gut genug. Du bist einfach nicht gut genug. Das wird sicher in den Untergang führen. Ganz sicher. Schäm dich!« Mein Blut fühlte sich zehn Grad kälter an, während meine Selbstzweifel auf den Siedepunkt stiegen.

Es gab keinen Ausweg aus dem Grübelkarussell für mich, ich bestrafte mich damit, tagsüber nichts zu essen, um nachts sämtliche Kühlschränke unsicher zu machen. Und tatsächlich fällt es mir selbst heute nicht leicht, dies hier zu schreiben. Ich schäme mich immer noch dafür. Aber es ist wichtig, um die Scham zu verstehen. Denn sie ist wie der Sumpf der Seele.[2]

Wir können den Sumpf trockenlegen, und das werden wir auch, aber wir müssen uns zunächst einmal dort umsehen. Irgendwo zwischen den Schlingpflanzen und dem Morast stoßen wir auf die wahren Abgründe, die wir womöglich seit Jahrzehnten zu verbergen suchen. Und wann immer sich die Gelegenheit ergibt, bahnt sich die Scham ihren Weg, denn sie möchte nicht, dass wir sie näher betrachten. Das mag sie überhaupt nicht! Sie will nicht ins Rampenlicht, denn das Verrückte ist: Wir könnten aufatmen und uns voller Erleichterung umarmen, wenn wir die Scham in uns allen erkennen und ihr mit Empathie begegnen würden. Die Väter, die sich nicht kümmern, von denen buchstäblich bis zum Verrecken keine Anerkennung kommt. Die Mütter, die so erschöpft und enttäuscht vom eigenen Leben sind, dass sie keine Liebe mehr zeigen können. Die Mitschüler, die die Schule zur Hölle machen. Die Chefs, die niemanden wachsen sehen wollen. Sie alle sind omnipräsent. Sie schämen sich! Wir alle schämen uns! Aber anstatt uns zu vereinen, trennt uns die Scham immer weiter voneinander.

Ein guter Freund von mir hat eine außergewöhnliche Karriere bei einem Social-Media-Start-up hingelegt und ein irrsinniges Millionenvermögen angehäuft. Er liebte seinen Vater aufrichtig und lechzte nach dessen Anerkennung wie ein Welpe, der vor seinem Napf mit weit aufgerissenen Augen auf Futter wartet. Doch Carl wartete vergeblich. Als er mit Ende 40 sein Unternehmen verkaufte, sagte sein Vater zu ihm: »Sohn, deine Mutter und ich machen uns etwas Sorgen. Kannst du dir das denn überhaupt leisten, so früh ›in Rente‹ zu gehen?« Carl hielt den Atem an. Der Moment war gekommen. Er hatte es geschafft. Nie hätte er es gewagt, seinem intellektuellen Vater zu sagen, wie viel Geld er sich erarbeitet hatte, weil er insgeheim wusste, dass der Papa diese Art von Karriere einfach nicht würdigen wollte. Selten hatte der sich nach seinem Unternehmen erkundigt, immer auf die Erfolge der Schwester hingewiesen, die eine akademische Laufbahn eingeschlagen hatte.

Aber nun war es so weit. Jetzt konnte er endlich die Früchte seiner jahrelangen Arbeit vorzeigen. Zumindest die monetären, und Himmel, ja, ihm waren sie nun mal wichtig. Jeder Mensch hat eben sein eigenes Denk- und Angstsystem.[3]

Stolz nickte er und gestand seinem Vater vorsichtig, welch großen Geldbetrag er zur Verfügung habe und dass dieses Geld wohl bis ans Lebensende – des eigenen und auch der nächsten und der übernächsten Generation – reichen würde. Insgeheim erwartete er nun final die Anerkennung, die ihm über Jahrzehnte verwehrt geblieben war. Einmal, so wünschte er sich inständig, sollte sein Vater stolz auf ihn sein. Nur dieses eine Mal.

Der Vater machte eine kurze Pause, räusperte sich, sah seine Frau an und sagte: »Ach, mein Sohn, weißt du, deine Mutter und ich sind froh, dass wir uns im Leben mit solchen Beträgen nie auseinandersetzen mussten.« Das saß. Treffer. Versenkt.

Carl saß da mit seinem Berg von Geld und Scham, und im entscheidenden Moment blieb ihm wieder die Anerkennung versagt. Natürlich stellt sich hier die Frage: Warum kann der Vater nicht einmal über seinen Schatten springen und seinen Sohn loben? Aber wir vergessen immer gern, dass wir es mit einer Nach- oder Nochkriegsgeneration zu tun haben, die mit Liebe und Vergebung in Konflikt stand und steht aufgrund ihrer posttraumatischen Belastungssituation. Insofern wäre es wichtig für Carl, dass er seine eigene Schamursache erkennt und akzeptiert: Du kriegst den Papa nicht mehr rum.

Punkt.

Du kriegst den Papa nicht mehr rum.

Es funktioniert nicht, aber wer will schon gern aufgeben?

Wir alle spielen zuhauf das »Krieg-ich-dich-noch-rum?«-Spiel, ob in Beziehungen oder in der alten Verbindung zu den Eltern, obwohl wir im Grunde genommen wissen oder zumindest ahnen, dass der Weg mit Sicherheit immer wieder in die gleiche verflixte Sackgasse führt. Wir arbeiten uns ab an hoffnungslosen

Beziehungen, weil wir endlich nach dem finalen »Erfolg« lechzen. Wir könnten dann nämlich sagen: Wir haben es geschafft. Stattdessen bahnt sich die destruktive Scham hinterrücks ihren Weg. »Schäm dich!« heißt es noch heute, wenn Kinder etwas vermeintlich falsch machen, und der Vollständigkeit halber lautet der Satz eigentlich: »Schäm dich, du hast versagt!«

Toni, der beste Freund meines Anwalts, lebt seit Jahren als Single in New York. Er ist attraktiv, erfolgreich, bewohnt ein schickes Apartment in Greenwich und gilt als ausgewiesener Womanizer. Doch der Schein trügt. Denn Toni sucht sich, obwohl er sich sehr einsam fühlt, mit traumwandlerischer Sicherheit Frauen, die KEINE Beziehung wollen oder nach wenigen Wochen mit ihm Schluss machen. Alle verkörpern die bereits verstorbene Mutter, deren Liebe er nie bekommen konnte. Und dieses Spiel will oder kann er nicht aufgeben. Wenn er eine von diesen Frauen »bekäme«, dann hätte er am Ende gewonnen. Danach strebt er, doch das Einzige, was er schmerzvoll sammelt, sind Körbe und Niederlagen.

Und so tummeln sich auf dem Schlachtfeld der »Ich-krieg-dich-noch-rum«-Kämpfer Millionen von Menschen, die mit ihrer Zeit und ihrer Energie mit großer Wahrscheinlichkeit Besseres anfangen könnten. Doch sie halten daran fest, weil die Scham zu tief im Sumpf ihrer Seele steckt. Sie sitzt da wie ein dicker Parasit, der nur darauf wartet, sich wieder durch die Schuld nähren zu können (siehe »Der Schamkörper«, ab S. 98). Dabei könnte es viel leichter gehen! Wer erst einmal akzeptiert, dass dieses vermeintliche Versagen überhaupt keines ist, sondern nur die völlig logische Konsequenz eines neurotischen Verhaltens, das aus der Scham entspringt, der kann die Neurose abstellen. Und ohne Neurose kein Versagen. So einfach ist das.

Bei allen neurotischen Verhaltensweisen, die ihre Ursache in der Kindheit haben – so wie eigentlich fast alle Verhaltensweisen –, lohnt sich eine Reise in den eigenen Seelendschungel. Die Menschen in Peru zum Beispiel sind überzeugt von der Existenz des inneren Kindes, ein auch in den USA mittlerweile weitverzweigter psychologischer Ansatz. Doch die Peruaner glauben mit Sicherheit, dass das innere Kind existiert, und sie gehen gemeinsam mit ihm auf Seelenreise. Ich habe diese Seelenreise bei einer Schamanin aus den Anden unternommen. Das Verfahren ist identisch mit dem, das Hanscarl Leuner 1954 eingeführt hat unter dem Begriff »Katathym Imaginative Psychotherapie«. Diese erfolgreiche Psychotherapie, in der mit Tagträumen gearbeitet wird, wird in Deutschland übrigens als Krankenkassenleistung angeboten – nur damit Sie nicht glauben, ich will Sie zu irgendeinem Scharlatan schicken. Die Begegnung mit den Bildern der eigenen Seele hilft enorm, um alte Ursachen der Scham herauszufinden, kann aber auch bei posttraumatischen Belastungsstörungen sehr effektiv sein.

Als ich zu Beginn meiner eigenen Reise aus der destruktiven Scham heraus durch meinen Seelensumpf watete, kamen furchtbare Bilder zutage. Ich sah Gräueltaten von russischen Soldaten im Krieg, ich sah meine Mutter als kleines Kind auf der großen Flucht im Februar 1945, und parallel sah ich mich, wie ich als Erstklässlerin gehänselt und von einer meterhohen Spinne gejagt wurde, dem Tier, vor dem ich schon als Kind unglaubliche Angst hatte. Ich habe mich jahrelang geweigert, in meinem Elternhaus in den Keller zu gehen, weil dort handtellergroße Erdspinnen saßen (ich fürchte, ich übertreibe an dieser Stelle noch heute).

Es war, als würden sich meine Seelenbilder auch mit den Ängsten meiner Mutter vermischen. Erst nach einigen Sitzungen ließen die schlimmsten Bilder nach. Wenn ich heute auf Seelenreise gehe, erblicke ich nur friedliche Wesen und eine sonnige Blumenwiese. Die destruktive Scham hält mich nicht mehr im Schwitzkasten. Doch weil sie für so viele negative Verhaltensmuster verantwortlich ist, gilt es, ihre Herkunft zu erforschen.

»Die destruktive Scham hält mich nicht mehr im Schwitzkasten.«

Wir müssen verstehen, wie uns die Scham packt, welche weitreichenden Folgen sie für uns und unsere Beziehungen hat und warum sie für unser Glück mehr als hinderlich ist. Denn am Ende sollen Sie ein zufriedenes Leben führen, in dem Ihre Träume und Wünsche in Erfüllung gehen und Sie dem Rhythmus Ihrer Seele folgen können.

DIE WIEGE DER UNZULÄNGLICHKEIT

WIE DESTRUKTIVE SCHAM ENTSTEHT

Über die Entstehung der Scham sind sich die Forscher nicht ganz einig. Sicher ist aber: Scham betrifft jeden – und sie ist angeboren. Schon Babys drehen die Köpfe weg, wenn sie sich ertappt fühlen, was von einigen Wissenschaftlern bereits als »schamhaftes Verhalten« gewertet wird. Kinder zwischen dem ersten und zweiten Lebensjahr sind bereits in der Lage, Scham zu empfinden. In dieser Phase fangen die Kinder an, sich selbst im Spiegel zu erkennen. Sie entdecken langsam ihre eigene Welt und begreifen das Aktions- und Reaktionsprinzip. Und hier wird es interessant für uns, denn wir wollen uns nun der Scham widmen, um die es in diesem Buch geht. Der destruktiven Scham. Denn sie entsteht hauptsächlich bei kleinen Kinder, die zu oft eine »falsche« Rückmeldung erhalten. Sie erinnern sich: Das Gehirn entwickelt sich entscheidend im Alter von null bis vier. In dieser Zeit haben Sie möglicherweise ständig das »falsche« Feedback bekommen, Sie wissen es aber nicht mehr. Sie drücken andauernd auf den »Belohnungs-Button«, ernten aber eine verbale Ohrfeige!

Klein-Theo malt ein Bild, freut sich auf Lob – und wird missachtet. Er spielt später im Theater und erntet nur Kritik. Lea überwindet ihre Angst und turnt die schwerere Kür im Wettkampf – wird von ihren Eltern aber danach getadelt, weil sie nicht genügend Punkte erreicht hat. Julius verhält sich immer brav und angepasst, und trotzdem gibt es Prügel vom alkoholkranken Vater. Es besteht also ein anhaltendes Missverhältnis zwischen Handlung und Erwartung. Die Schamfalle schnappt zu. Hier steht die Wiege dieses Gefühls von Unzulänglichkeit, das uns unser gesamtes Leben zu schaffen macht, wenn wir uns ihm nicht stellen.

> ***»Kinder zwischen dem ersten und zweiten Lebensjahr sind bereits in der Lage, Scham zu empfinden.«***

Mit zunehmendem Alter werden die Unsicherheiten immer größer. Unter diesen Umständen ist es äußerst schwer, Vertrauen zu fassen – von Selbstvertrauen ganz zu schweigen. Kinder, die immer wieder vor nicht vorhersehbaren Reaktionen stehen, können keine Selbstsicherheit, keine sichere Identität entwickeln, da sie sich nicht auf ihre Umwelt und damit im Rückschluss auch nicht auf ihre eigenen Gefühle verlassen können. Sie werden auch deshalb besonders »schamanfällig« und sind ständig auf die Rückmeldung anderer angewiesen. Und wehe, die fällt nicht gut aus! Hier wird klar, warum Scham und Narzissmus gern im selben Boot sitzen: Sie entstehen meistens durch misslungene emotionale Kommunikation.

Im Umkehrschluss gebe ich Ihnen gern ein anderes Beispiel: Kein Fußballtrainer wird Erfolg haben, wenn er nicht zu 100 Prozent verlässlich ist. Denn nur dann vertraut die Mannschaft auf ihn und auf sich. Er darf seine eigenen Regeln nicht brechen. Wenn er seinem Team das Bier verbietet, aber selbst zur Flasche greift, wird er seine Mannschaft verlieren. Wenn er das Leistungsprinzip predigt, aber doch immer seine Lieblinge spielen lässt, hat er zu viel Kredit verspielt. Er muss einen klaren Tanzbereich abstecken, und diesen müssen alle einhalten. Und er darf im Grunde genommen keine Ausnahmen machen. Ausnahmen – wie bei vielen besonders guten Fußballern üblich – sind Gift für den Teamgeist. Es geht um ein klares und unumstößliches Gefüge von Aktion und Reaktion. Sind die Regeln klar und verlässlich, funktioniert das menschliche Zusammenspiel, denn hier liegt die Basis für Vertrauen. Der Ruf der deutschen Wirtschaft basiert seit Langem auf diesem vertrauenswürdigen Image, das der Diesel-Skandal, der BER, die Politik und die Deutsche Bank aber so langsam in die Knie zwingen.

> ***»Meist haben unter Scham leidende Menschen bizarr hohe Ideale, die sie beim besten Willen nie erreichen können.«***

Unzuverlässigkeit bedeutet Krise.

Die Scham beginnt insbesondere bei der Unzuverlässigkeit der engsten Bezugspersonen. Wer sehenden Auges in sein Verderben rennt, wird sich danach kaum schämen, sondern sich maximal ärgern. Sein Selbst ist davon nicht betroffen. Oder hat sich

Michel aus Lönneberga wirklich jemals geschämt? Nein! Denn die Reaktionen seiner Umwelt waren für ihn vorhersehbar. Er wusste, dass er Streiche spielte und die Menschen in seiner Umgebung provozierte. Das führt nicht zu Scham, dafür kriegt man nur jede Menge kalkulierbaren Ärger.

Schlimm wird es aber für diejenigen, die es ihrer Umwelt nicht recht machen können, selbst wenn sie es wollen! So wie mein Freund Carl, der Frührentner. Meist haben unter Scham leidende Menschen bizarr hohe Ideale, die sie beim besten Willen nie erreichen können. Sie entwickeln ein »falsches Selbst«.

Scham bildet also den Bodensatz des Versagens.

In ihrer Wahrnehmung laufen die so Beschämten immer und immer wieder unter ihrer viel zu hoch gelegten eigenen Messlatte hindurch, anstatt sie zu überwinden. Liebe Damen, ich wiederhole es gern: Supermodels sind nur eine komische Laune der Natur, bei Weitem nicht die Norm!

Ein anderer grotesker Zug der Schamepidemie: Wer sich lang genug schämt, wird auch noch zum »Schamerzeuger«. Scharen von Helikoptereltern stülpen ihren Sprösslingen noch höhere Ziele über und treiben sie ins nächste schamvolle Hamsterrad, aus dem sie kaum aussteigen können, bis sie erwachsen sind und vielleicht dieses Buch lesen.

ACHTUNG, TOXISCHE GEFAHR!

WARUM SCHAM KRANK MACHT

Und was passiert in unserem Körper, wenn wir eine richtige Schamattacke haben? Wenn sie uns nahezu überflutet? In den USA, wo die Schamforschung schon sehr viel weiter ist als in Europa, beschäftigt sich unter anderem die Wissenschaftlerin Sally S. Dickerson mit dem Phänomen Scham. Es geht ihr darum, die komplexen Zusammenhänge zwischen Hormonen, unserem Immun- und Nervensystem sowie unserer Psyche zu erfassen. Dickerson erkannte, wie die seelischen Einflüsse der Scham unsere Gesundheit nachhaltig beeinträchtigen. Die Resultate sind bahnbrechend – und erschreckend.

Dickerson untersuchte zunächst den Hormonhaushalt von Tieren, die einem dominanteren Artgenossen begegneten und eine demütige Haltung einnahmen. Im Blut der Unterwürfigen stiegen daraufhin die Konzentrationen von entzündlichen Zytokinen stark an. Zytokine sind biochemische Botenstoffe, mithilfe derer sich die verschiedenen Immunzellen in ihrem Kampf gegen Infektionen untereinander vernetzen. Genau wie Cortisol gestaltet sich ihre Anwesenheit in der richtigen Menge als nützlich, aber im Überfluss als gefährlich und gesundheitsschädlich.

Ein ausgewogener Zytokinspiegel fördert das Zellwachstum, sehr hilfreich bei Verletzungen oder Infektionen, und hemmt die Verbreitung von Viren. Zu viele Zytokine jedoch begünstigen Entzündungen, schwächen das Immunsystem und schädigen die Darmflora. Um zu testen, ob die Scham auch beim Menschen den Zytokinmotor anwirft, entwarf Dickerson eine neue Versuchsreihe. Sie bat eine Gruppe von Probanden, sich besonders schambehaftete Erlebnisse aus ihrem Leben von der Seele zu schreiben. Und ließ ein Tagebuch führen, in dem sich die Probanden täglich 20 Minuten mit all ihren »Verfehlungen« auseinandersetzen mussten. Allein die Scham in der Re-Traumatisierung war so groß, dass das Zytokin TNF alpha um bis zu 25 Prozent (!) anstieg.[4] Ein signifikanter und überaus schädlicher Anstieg, da TNF alpha bei allen Formen von Entzündungen beteiligt ist. Eine lokal erhöhte Konzentration von TNF zeigt die klassischen Entzündungssymptome: Hitze, Schwellung, Rötung und Schmerz. Hohe systemische TNF-Konzentrationen führen sogar zu einer Schocksymptomatik. Die Betroffenen fühlen sich einen Moment lang schwach und wie gelähmt. Der Anstoß dazu kommt laut der Forscher offenbar aus einem speziellen Teil der Großhirnrinde. Wenn dieser geschädigt ist, verliert der Mensch sein Schamgefühl. Er stellt sich bloß, ohne es zu merken. Scham und Immunsystem stehen also in einem engen Zusammenhang.

Dickerson stellte sich dann die nächste, unausweichliche Frage: Welche Folgen hat Scham auf Menschen, die an einer Immunschwächekrankheit leiden? Die Wissenschaftlerin ging der Frage in einer Neun-Jahres-Studie an HIV-infizierten Männern nach und stellte fest, dass die Sterberate bei denjenigen HIV-Patienten deutlich höher war, die unter einem negativen und von Scham besetzten Selbstbild litten. In der Regel starben sie zwei Jahre früher. Allerdings fand die Studie zu einem Zeitpunkt statt, als die Medikamente noch nicht so wirksam waren wie heute. Sie untersuchte auch HIV-infizierte Frauen und bemerkte, dass bei denjenigen, die unter großer Scham litten, die Helferzellen deutlich stärker abnahmen als bei rein depressiven Patientinnen. Ihr Immunsystem litt dementsprechend mehr als das derjenigen Frauen, die einfach »nur« unglücklich waren.

»Isolation, Ablehnung und Stigmatisierung werden oft als schamvoll erlebt.«

Isolation, Ablehnung und Stigmatisierung werden oft als schamvoll erlebt und gehen im Körper mit Entzündungssymptomen einher. Dickersons Ergebnisse sind ein klarer Beleg für den negativen Einfluss der Scham auf den ganzen Körper. Das Gefühl, nicht mit anderen verbunden zu sein, macht unseren Körper krank und anfällig für Depressionen.[5]

Fazit: Scham als Bedrohung für das soziale Selbst, wie es Dickerson beschreibt, macht nicht nur krank, je nach Umstand hat sie sogar tödliche Folgen!

NIE GENUG – UNSERE KULTUR DES MANGELS

Obwohl wir im Überfluss leben, hat sich unser Denken an eine Kultur des Mangels gewöhnt. Wir SIND nie genug und wir HABEN nie genug. Unser Gehirn hat einen kleinen Dauerdiktator entwickelt, der sich täglich einschaltet. Es ist, als würde man sich so durch den Tag mangeln. Es fehlt andauernd an allem. Die amerikanische Aktivistin Lynne Twist beschreibt es so: »Wie für viele andere auch ist mein erster Gedanke beim Aufwachen: ›Ich habe nicht genug Schlaf bekommen.‹« Der nächste ist: »Ich habe nicht genug Zeit.«[6]

Wir erleben ein beständiges Mantra des Mangels und verbringen auch noch viele Stunden damit, uns darüber zu beschweren oder uns gleichermaßen zu rechtfertigen. Die Litaneien erscheinen endlos. Nicht genug Bewegung. Nicht genug Arbeit. Nicht genug Umsatz. Nicht genug Kraft. Nicht genügend Wochenenden. Und natürlich nie genug Geld. Und gern stimmen wir tagtäglich in den Kanon mit ein.

Ich gebe zu: Seit ich verheiratet bin mit einem Mann, der viel weniger Schlaf braucht als ich, wache ich oft schon im Bewusstsein auf, im Rückstand zu sein. Als wäre jede Nacht ein regelrechtes Tennis-Match. Ich muss schon beim Ins-Bett-Gehen darauf achten, dass ich vielleicht ein Stündchen mehr Schlaf bekomme …

Wir sind einfach nie genug. »Es reicht nicht«, ruft diese Stimme in unserem Kopf, die der erfolgreiche Coach Jens Corssen nur »den Quatschi« nennt. Wer einmal liebevoll darauf achtet, wie oft er »nicht genug« denkt, wie oft er im Mangel steckt und sich letztendlich negativen Gedanken hingibt, wird erschreckt feststellen: verdammt oft. Laut Eckhart Tolle, dem Begründer der Jetzt-Euphorie, sind es sogar 70 Prozent des Tages, die wir uns selbst eher sabotieren denn supporten.

»Wir sind nicht dünn genug, nicht schlau genug, einfach nie schön, fit oder gebildet genug, nie erfolgreich oder reich genug.«

Wir sind nicht dünn genug, nicht schlau genug, einfach nie schön, fit oder gebildet genug, nie erfolgreich oder reich genug. Bevor wir uns im Bett aufrichten, ja, bevor unsere Füße den Boden berühren, sind wir bereits unzulänglich, im Rückstand, am Verlieren, im Mangel. Und bis zu dem Zeitpunkt, zu dem wir abends ins Bett gehen, gängelt uns unser Verstand auch noch mit all den Dingen, die wir nicht geschafft haben.

Oft paart sich der Mangel auch mit dem Ausgleich durch Alkohol. Wir erhoffen uns durch ein Gläschen Wein »Entspannung«, die aber sehr trügerisch ist (siehe Schamfallen!). Sobald der Wein seine appetitanregende Wirkung zeigt, brechen wir den Mangel auf, und rennen zum Kühlschrank, um die Diät des Tages endgültig zu unterwandern. Dann haben wir es wieder erreicht, das ungeliebte Tagesziel: Wir schämen uns.

Wir befinden uns also in einem nicht enden wollenden Kreislauf der Selbstsabotage. Die Medien befeuern ständig unser neuronales Gitterbett zusätzlich mit Gründen für und Wegen zur Selbstoptimierung. Was für ein fundamentaler Irrsinn!

»Wir befinden uns also in einem nicht enden wollenden Kreislauf der Selbstsabotage.«

Die unermüdliche Unterwanderung des Selbstwerts und die Mangelkultur führen nur per Express in die schlechte Laune – und garantiert nicht in ein besseres Leben. Denn der Ehrgeiz, den Mangel zu tilgen, die Kluft zu schließen, die Scham zu übertünchen, kostet extrem viel von der zu wenig vorhandenen Zeit und auch Energie. Wir befinden uns schließlich beständig im Mangel.

Tom, ein Freund, erzählte mir: »Ich habe mich nie geschämt, schwul zu sein. Aber ich habe mich in der Münchner Schwulenszene für meine Herkunft fürchterlich geschämt. Ich hatte kein gutes Elternhaus, wir waren sehr arm, und ich habe sehr viel investiert, damit niemand das erfährt. Ich habe gelogen, dass sich die Balken bogen, meine Familie verleugnet – und schließlich habe ich mich geschämt, dass ich nicht die Wahrheit gesagt habe. Und noch heute fällt es mir sehr schwer, zu meiner Herkunft zu stehen.« Als Tom sein erstes Buch veröffentlichte, schämte er sich für die Pressemitteilung. »Da stand ja eine Menge über mich, das wollte ich gar nicht.«

Natürlich hat niemand Tom je verurteilt. Nur er sich selbst. Er spürte subjektiv einen Mangel wegen seiner Herkunft, den seine Scham mit viel Geschick und Aufwand in ein für ihn real existierendes Problem verwandelte. Jetzt aber kommt die Krux an der Geschichte: Man kann die Probleme, die durch das eigene

Denken entstanden sind, nicht mit derselben Denke lösen. Sie können ja auch Schmieröl nicht mit Schmieröl auswaschen. Oder wie Albert Einstein es ausdrückte: »Die Definition von Wahnsinn ist, immer wieder das Gleiche zu tun und andere Ergebnisse zu erwarten.« Gleiches Denken, unterschiedliche Ergebnisse? Das funktioniert einfach nicht. Aber wo ist nun die Henne und wo befindet sich das Ei?

Wir erinnern uns: Die Denkstrukturen werden recht früh angelegt. Am besten lassen sich neue neuronale Pfade, so bestätigen es Hirnforscher, durch bewusstes, wiederholtes, positives Erleben verändern. Diese positiven emotionalen Erfahrungen verbessern sowohl das psychische als auch das physische Wohlbefinden nachhaltig.

Kleiner Tipp: Versuchen Sie einmal, sich einen ganzen Tag lang nicht zu beschweren. »Wer sich beschwert, beschwert sich bloß im doppelten Sinn des Wortes. Wer sich beschwert, muss eben mehr tragen«, sagte Jens Corssen einmal in einem unserer Gespräche. Die Etikettierung des Mangels, die Verbalisierung befeuert immer wieder die gleichen, negativen Denkabläufe. Wir haften geradezu am vermeintlichen Mangel und sind die Meister des halb vollen Glases.

Ohne Beschwerden werden Sie feststellen, wie sich die ersten Veränderungen einstellen. Wie sagt der Arzt zum Gesunden: »Sie sind beschwerdefrei!« So soll es sein. Alles geht plötzlich leichter. Denn wer seinen inneren Widerstand aufgibt, bekommt als Gegenleistung neue Energie.

»Denn wer seinen inneren Widerstand aufgibt, bekommt als Gegenleistung neue Energie.«

Der Straßenverkehr nervt? Beschweren Sie sich nicht. Die Kollegen liefern nicht? Beschweren Sie sich nicht. Der süße Typ von gestern ruft nicht an? Beschweren Sie sich nicht! Denken Sie daran: Wer sich beschwert, manifestiert den Mangel. In der Leichtigkeit hingegen liegt eine wundersame Kraft, die auf unser eigenes Wohlbefinden einwirkt. Also tun Sie sich wirklich etwas Gutes – und hören Sie auf, sich zu beschweren. Probieren Sie es aus, es ist nicht leicht, aber wirkungsvoll.

ZWEI KLINGEN, EINE GEIßEL

WIE UNS DIE SCHAM IM GRIFF HAT

Wollen wir ehrlich sein: Immerhin hat die Scham einen Vorteil. Sie löst am Ende der Gefühlskette Empathie beim Gegenüber aus, besitzt also eine spannende Sozialkomponente. Man könnte sie auch als zweischneidiges Schwert sehen, die eine Seite der Klinge dient zur Unterwerfung, die andere zur Selbstkasteiung. Ja, sie wird sogar sichtbar, wenn wir mit hochrotem Kopf vor unserem Gegenüber stehen. Schon Charles Darwin ging der Frage nach, warum Menschen erröten. Er »hatte das Erröten geadelt, indem er befand, es sei ›die charakteristischste und menschlichste aller Ausdrucksformen‹«[7] unserer Spezies. Somit erfüllt die Scham schon bei kleinen Kindern, die noch nicht sprechen können, einen klaren Zweck. Sie erzeugt Mitgefühl beim Gegenüber und zeigt an: Sieh her, ich schäme mich, ich erkenne mein Fehlverhalten an. Ähnlich wie sich Hundewelpen auf den Rücken werfen, laufen schon kleine Kinder rot an.

Es handelt sich auch nicht um ein nachgeahmtes Verhalten, denn blinde Kleinkinder erröten ebenso, wie Darwin in seinem Buch »Der Ausdruck der Gemüthsbewegungen bei dem Menschen und den Thieren« (1872) schreibt. Er machte einen Schamversuch mit drei blinden Kleinkindern, bei denen sich die Blutgefäße im Gesicht genauso weiteten wie bei sehenden.

Das Erröten, das von vielen Menschen als »niedlich« eingestuft wird, kann im Extremfall die Betroffenen aber in großes Leid stürzen. In der Psychologie trägt das Phänomen den Namen Erythrophobie und bezeichnet die Angst vorm Erröten.[8]

Erythrophobie-Patienten verlassen teilweise über Jahre kaum ihre Wohnungen, weil sie so große Angst haben, rot zu werden. Agnes, die Tochter einer Nachbarin, beschreibt ihre Situation in einer E-Mail an ihre neue Therapeutin so: »Ich bin Mitte 30. Seit über zwei Jahrzehnten erröte ich. Zum ersten Mal bemerkte ich es bei einem Referat vor der Klasse – und von da an ging es los: Woher kommen diese Hitzewallungen auf einmal? Ich war doch immer souverän, es ging mir leicht von der Hand, und jeder wusste, wenn ich rede, wird das was. Heute ist leider das Gegenteil der Fall. Ich habe mich mittlerweile sogar regelrecht von meinem Umfeld abgeschottet. Und wenn ich muss, sind Alkohol oder Betablocker verdiente Helfer in der Not. Psychologen bissen sich bisher die Zähne an mir aus. Wieso kann ich nicht normal sein, so wie die anderen? Ganz locker bleiben, wie man das so einfach sagt. Ich hasse diesen Teufelskreis. Warum kann ich nicht Freunde treffen, in Bars oder ins Kino gehen oder einfach Geburtstage von Bekannten mitfeiern? Seit so langer Zeit hat mich dieses Syndrom fest in der Hand, und ich bin es echt leid mein Leben davon bestimmen zu lassen.«

So wie Agnes ergeht es erstaunlich vielen. »Die Zahl derart Geplagter ist groß; Schätzungen schwanken zwischen acht und 15 Prozent der Gesamtbevölkerung. In Hochschulkreisen sind die meisten Verschüchterten zu finden: Bis zu 30 Prozent der Studenten werden von der Angst gequält, sich irgendwie und irgendwo zu blamieren, mit einem blöden Grinsen auf den Lippen und diesem puterroten Ballon.«[9] Doch das findet alles nur in ihrem Kopf statt, denn während die Menschen mit Erythrophobie glauben, dass ihr Schädel »für alle Welt sichtbar« glüht, nimmt es ein Großteil der Außenwelt überhaupt nicht wahr. Was ich denke, was du denken könntest, denke immer noch ich. Und nicht du.

»Was ich denke, was du denken könntest, denke immer noch ich. Und nicht du.«

Deshalb sollten die Erythrophobiker zur Kenntnis nehmen, dass ihr Erröten absolut POSITIV auf ihre Umwelt wirkt, nicht negativ! Dass Schüchternheit als gesellschaftlich bindendes Element angesehen wird. Dass sie also völlig okay sind, so wie sie sind!

»Der Psychologe Anthony Manstead von der britischen Universität Cardiff hat dies in einem Experiment nachgewiesen. In einem Supermarkt ließ er erst einen Mann einen Stapel Toilettenpapier umreißen, dem das offenkundig peinlich war. Dann geschah das Missgeschick einem anderen, der sich ungerührt zeigte. Bei Ersterem spürte die Gruppe der Probanden erheblich häufiger den Impuls, ihm zu helfen. Anders als Letzterer tat er den Studienteilnehmern leid.«[10] Im Umkehrschluss: Wir mögen keine Menschen, die keine Scham empfinden.

Wieso benötigen wir diese Emotion, obwohl sie auf der anderen Seite so viel Leid erzeugt? »Für Daniel Fessler von der University of California ist Scham seit der Frühgeschichte des Menschen der ›entscheidende Mechanismus, um die Zusammenarbeit in Gruppen zu etablieren und aufrechtzuerhalten‹. Die peinigende Emotion treibt dazu an, die geltenden Normen einzuhalten. Dies sichert den Verbleib in der Gruppe – und somit das Überleben. Nach innen wirkt Scham wie eine Alarmglocke, nach außen beschwichtigt sie: Seht her, ich habe eine Regel verletzt, und mir geht es nicht gut damit. Mehr Bestrafung ist nicht nötig.«[11, 12] Das mag für die Evolution sinnvoll gewesen sein, in der heutigen Welt kreiert Scham aber viel weniger ein Wir-Gefühl, sondern zeigt sich beinahe ausschließlich in ihrer destruktiven Variante. Die Wirkung als moralischer Kompass hilft aber denen, die unter ihrer Scham leiden, herzlich wenig.

Im westlichen Kulturkreis wird die Scham in der Regel am liebsten verdrängt. Fessler befragte zum Beispiel eine Gruppe Kalifornier und eine Gruppe Indonesier, wo sie das Gefühl »Scham« ansiedeln würden in seiner Wichtigkeit. Bei den Asiaten landete es auf Platz zwei hinter »Ärger«, bei den Amerikanern auf Platz 49 – von 52![13] Niemand stellt sich ihr gern, sie ist einfach zu unbequem.

Als Sozialkomponente befolgt die Scham eine klare Strategie: Sie soll uns zurückschicken in die uneingeschränkte Anpassung, wir sollen funktionieren. Die Scham fungiert also als Sozialkontrolleur.

Ich glaube, die meisten kennen dieses Beispiel: Sie erreichen im letzten Moment die U-Bahn und stehen vor der Gretchenfrage, schnell noch ein Ticket zu lösen und die Gefahr einzugehen, die Bahn zu verpassen oder schnell reinzuspringen und die Gefahr einzugehen, beim Schwarzfahren erwischt zu werden. Sie entscheiden sich für Letzteres. Sofort bohrt sich aber das schlechte Gewissen in unseren Körper und wenn die Männer in den dunkelblauen Uniformen wirklich eintreten, ist sie unausweichlich, unsere Scham, mit ihren körperlichen und seelischen Merkmalen. Das Gesicht errötet, der Blick senkt sich, man fühlt sich beinahe ohnmächtig, möchte im U-Bahn-Schacht verschwinden, denn die Augen aller anderen sind auf einen gerichtet. Ein 360-Grad-Schammoment. Hier funktioniert die Scham als Kontrolleur für das Gemeinwohl.

Wer sich schämt, gibt einen Fehler zu, gesteht Versagen ein und ordnet sich wieder unter. Wie ein Wolf im Rudel, der schließlich mit eingezogenem Schwanz wieder auf seinen Platz trottet. Sitz. Platz. Basta. Einige Forscher glauben auch, die Scham habe ihre biologische Wurzel in einem solchen »Rangordnungsverhalten«. Diese Ausprägung der Scham hat durchaus einen positiven Aspekt. Fessler sieht sie als den »›entscheidenden Mechanismus, um Zusammenarbeit in Gruppen zu etablieren und aufrechtzuerhalten‹. Die Scham als Kitt der Kooperation.«[14]

»Wer sich schämt, gibt einen Fehler zu, gesteht Versagen ein und ordnet sich wieder unter.«

Scham offenbart sich im Erröten bei akuten Attacken, versteckt sich aber auch gern hinter dem Deckmäntelchen der Angst oder führt schnurstracks in Richtung Depression. Gute Laune macht sie nie.

NO SHAME – DAS BITTERBÖSE ERWACHEN

Wenn man mich nach meinem ultimativen Schammoment fragt, so fällt mir die Antwort sehr leicht. Es war der Augenblick, der endgültig die Wende in meinem Leben brachte, ein pechschwarzer Dezembermorgen in Südindien. Noch kein Sonnenstrahl glitzerte um 5.45 Uhr über den Palmen, den satten Gräsern und den Holzhütten. Die weißen Kraniche schliefen noch, nur der Ozean dröhnte durch die Nacht mit seinem nimmermüden Aufbrausen.

Ich hatte mich zu einer Ayurvedakur im Sitaram Beach Retreat entschlossen, einem zauberhaften Ort an der Küste Keralas, wo die Besucher empfangen wurden mit einem kleinen, unauffälligen Schild mit der Aufschrift »Göttliche Heilung beginnt hier«. In einem Halbkreis kleine Holzbungalows vor einem riesigen Palmengarten, der direkt ins Meer überzugehen schien. Ein Ort der Fülle und des Glücks.

Doch genau in dieser Ruhe und Abgeschiedenheit traf mich mein Leben wie ein Schock. In der Ruhe überfiel mich die totale Panik, es war ein bitterböses Erwachen. Mir schien es, als hätte ich mich schlichtweg verzockt. Die Geschichten, für die ich früher die anderen bemitleidet hatte, hatte ich selbst geschrieben! Jahrelang hatte ich mich in eine Beziehung verstrickt, die mich in tiefes Leid gestürzt hatte. Während der Yogastunden weinte ich bittere Tränen, trauerte um meine Hündin Anelka, die mich 15 Jahre begleitet hatte, trauerte um meine Träume und um die Zeit, die ich dachte, vergeudet zu haben. Ü40, kinderlos, unverheiratet, allein. Nach außen zwar erfolgreich, aber innerlich ein einziger Scherbenhaufen. Das sollte also mein Leben sein? Sogar die gerade 20-jährigen indischen Therapeutinnen hatten Mitleid mit mir.

Und dann kam der 28. Dezember, und es stand die sogenannte Vamana-Therapie an, ein traditioneller Teil der Panchakarma-Kur, bei der das obere Körperdrittel gereinigt werden soll. Was hier so harmlos klingt, heißt im Klartext: Erbrechen. Und zwar reichlich. Als therapeutischer und reinigender Prozess.

Vor mir standen drei große Silberkannen voller Milch und zwei randvoll mit Salzwasser. Die hübsche indische Ärztin, die den Prozess begleiten sollte, reichte mir zunächst einen Becher mit einer übel riechenden Flüssigkeit, die äußerst zäh und bitter über meinen Gaumen glitt. Doch das Brechmittel hatte die Rechnung ohne mich und meinen Pferdemagen gemacht.

Ich konnte nämlich nicht. Ich konnte mich nicht übergeben, ich würgte, aber ich schämte mich so fürchterlich, für mich selbst, die Situation, meine Unfähigkeit – es war mir mit diesem Gefühlscocktail schlichtweg unmöglich, den Anweisungen der Ärztin Folge zu leisten. Das war für mich der erneute Beweis: Was bin ich für eine elende Versagerin. Nicht mal kotzen kann ich. Ich spürte, wie in mir die Tränen hochstiegen, sah die junge Frau in dem weißen Kittel an, schüttelte den Kopf und rannte einfach fort, nicht ohne noch zwei Kannen umzuwerfen. Ich sprintete zurück in meine Hütte, legte mich aufs Bett und wollte mich nur noch verkriechen. Doch da hatte ich die Rechnung ohne das Brechmittel gemacht!

Nach einer gefühlten Ewigkeit, von Krämpfen geschüttelt, schleppte ich mich ins Bad und musste mich dann doch heftig übergeben, ganz ohne therapeutische Hilfe. Verheult und völlig erschöpft kauerte ich auf den tropisch warmen Fliesen. Irgendwann – ich hatte mein Zeitgefühl verloren – wischte ich mir mit dem Ärmel des Bademantels durchs Gesicht, rappelte mich auf und schaute in den Spiegel. Ein kalkweißes Gespenst blickte mir entgegen.

Wie durch eine Wolke hörte ich ein leises »Tock, tock, tock«. An der Tür klopfte es. Der behandelnde Arzt, Dr. Vignesh, kam in seiner grünen Kurta, dem traditionellen überlangen indischen Hemd ohne Kragen, an meine Cottage-Tür. Der junge Mediziner hatte das Retreat zwei Jahre zuvor eröffnet, gegen den Willen seiner Eltern, die für ihn einen Platz im familieneigenen City-Hospital vorgesehen hatten. Mit rührender Ernsthaftigkeit kümmerte er sich um jeden Patienten, ganz gleich ob er nun schwere, nahezu unheilbare Fälle oder simple westliche Zivilisationskrankheiten wie Fettleibigkeit und Genusssucht vor sich hatte.

Seine Sanftmut zwang jeden Patienten früher oder später in die Knie. So muss Gandhi seine Gegner gewaltlos zum Umfallen gebracht haben. Ich sah ihn an, und meine Blutgefäße im Gesicht explodierten beinahe. »Hey, das ist doch kein Grund, sich zu schämen«, sagte er lächelnd. Oh mein Gott, aber ich schämte mich. Und wie! Wo sind diese verdammten Mauselöcher, wenn man sie mal braucht?

Er fragte vorsichtig, ob ich ihn zu seinem Konsultationsraum begleiten würde. Natürlich hatte sich meine Vamana-Flucht bereits herumgesprochen, und plötzlich sah ich es: Er machte sich aufrichtig Sorgen um mich. Ich folgte ihm, wir saßen in einer kleinen Hütte einen Steinwurf vom Strand entfernt. Die Brandung rauschte, die unzähligen Krähen stritten sich wie eifersüchtige Teenager um kleine Äste für ihre Nester, die Temperaturen passten sich der friedlichen Stimmung an. Und so tat ich es auch. Er sah mich eindringlich an, nestelte an seinem Diagnoseblatt und räusperte sich.

»Viele Menschen, vor allem Frauen, leben in dem ständigen Gefühl, nicht gut genug zu sein«, sagte er leise und mit beruhigender Stimme. »Sie glauben, dass sie perfekt sein und es jedem recht machen müssen. Sie werden so erzogen, dass sie nie genügen. Sie schlussfolgern dann, sie seien es nicht wert, dass das Leben ihnen Fülle beschert oder dass sie geliebt werden. Sie denken, sie seien schlecht.«

Ich nickte. Dieses Prinzip war mir nicht fremd, im Gegenteil. Eigentlich nichts Neues, dachte ich. Aber immerhin ein Mann, der das hinterfragt. Und dann auch noch aus einem völlig anderen Kulturkreis, der nicht gerade fürs Frauenverstehen bekannt ist. Dennoch war ich skeptisch. Würde ich nur eine weitere Wohlfühl-Therapiesitzung bekommen, die kurzzeitig vielleicht Linderung, aber keine nachhaltige Besserung verschafft? Dr. Vignesh bemerkte meinen skeptischen Blick und griff zu einem Blatt Papier und einem Stift. Er skizzierte die Dinge gern, wenn sie eine besondere Bedeutung hatten.

»Die Schlussfolgerung aus ›Ich bin schlecht‹ lautet in der Regel ›Ich verdiene Bestrafung‹. Und so bestrafen sich die Frauen selbst, sei es durch schlechte Gewohnheiten, selbstzerstörerische Gedanken, Stress oder falsche Beziehungen – es zieht sich durch ihr ganzes Leben. Und darunter«, schloss er seine Ausführung, »liegt die Scham. Sie ist die Wurzel all dieses Verhaltens.«

In diesem Moment sollte sich mein Gesichtsausdruck von skeptisch in fassungslos verwandeln. So hatte ich meine Blockaden noch nie betrachtet! Überhaupt hatte ich diese Transferleistung noch nie geschafft. Dass auch ich ein Thema mit »Ich bin nicht gut genug« hatte, war mir bewusst, dazu hatte ich schon diverse Gespräche. Aber dass ich mich seit Jahren selbst bestrafte – DAS war mir in der Form neu.

Ich schämte mich!

So wie ich mich schämte, auf den Fliesen zu liegen, so hatte ich mich immer geschämt. Für alles, für mich, andauernd!

»Diese Konditionierung ist wie eine unsichtbare Kette, mit der man gefesselt ist«, sagte Dr. Vignesh. »Weißt du, wie bei uns in Indien Elefanten dressiert werden?« Ich schüttelte den Kopf. »Es wird ihnen ein Kettenring um einen Fuß gelegt, und dieser wird mit der Kette verbunden. Irgendwann haben sie sich so daran gewöhnt, dass sie gar keine Kette mehr brauchen. Allein dass man ihnen den Fußring umlegt, reicht ihnen als Zeichen.« Ich blickte ihn erstaunt an. So ein großes Tier wie ein Elefant war allein durch seine Überzeugung gefesselt. Es war keine echte Kette, die ihn zurückhielt, sondern sein falscher Glaube! Er dachte, er sei an die Kette gelegt, und allein diese Annahme ließ ihn gefügig seine Arbeit verrichten.

»Ich hatte mich aufgrund meiner Scham konsequent bestraft und subtil sabotiert.«

Und genauso gefangen war ich auch! Gefangen in einer Welt voller Scham und falscher Glaubenssätze. Mir wurde plötzlich klar, dass ich mich seit Jahren selbst bestrafte. Vielleicht schon mein ganzes Leben lang! Ein paar glückliche Jahre gab es, sicher, aber im Großen und Ganzen hatte ich ein perfekt ausgeklügeltes System zur Selbstsabotage errichtet. Fast alles war darauf ausgerichtet, mich zu geißeln.

Mit einem Mal sah ich mein Leben in einem ganz anderen Licht. Ich atmete tief durch und spürte instinktiv, dass ich gerade eine jahrelang verschlossene Tür entriegelt hatte. Endlich hielt ich die Formel zur Transformation in Händen. Plötzlich begriff ich, was ich mir da angetan hatte. Diese eine, simple Schlussfolgerung erklärte im Grunde genommen all meine Probleme. Ich war euphorisiert von meiner bahnbrechenden Entdeckung und im selben Moment entsetzt darüber, dass ich so viel Zeit gebraucht hatte, um den Schlüssel zu finden. Natürlich hatte ich schon lang gewusst, was mein innerer Diktator in meinem Kopf tagein, tagaus mit mir anstellte.

Zu alt. Zu dick. Zu hässlich.

Aber wieso hatte ich nie begriffen, was ich da wirklich tat? Mir hatte die letzte Transferleistung gefehlt. Ich hatte mich aufgrund meiner Scham konsequent bestraft und subtil sabotiert, war in einem immerwährenden Teufelskreis der destruktiven Scham gelandet. Und doch spürte ich millionenfach kalte Schauer, die mir über den Rücken liefen, denn ich war mir in diesem Moment in voller Klarheit bewusst: Wenn ich diesen Weg weiterginge, würde ich nie Glück und Freude finden. Aber zunächst wollte ich mehr über das Phänomen Scham wissen und begann zu recherchieren.

KEIN AUSWEG

DER TEUFELSKREIS DER SCHAM

Als ich begriffen hatte, in welches Wespennest ich da gestochen hatte, fiel mir auf, dass in Deutschland fast keine Literatur zu diesem Thema zu finden ist. Alles, was ich zu fassen bekam, stammte aus den USA. Sind wir Deutschen schon grundsätzlich so beschämt über unsere Herkunft, dass wir überhaupt nicht mehr hinschauen wollen?

Dabei schämt sich doch jeder! Für Brené Brown ist die Scham gewissermaßen eines der Grundübel der Gesellschaft, Auslöser von Perfektionismus, Süchten, Angststörungen, Schuldgefühlen, Aggressivität sowie der Beschämung anderer. Sie verändere Beziehungen, Familien, Gesellschaften, »ohne dass wir uns dessen bewusst sind«[15].

Bettina, eine Kollegin, ist 37 Jahre alt, eine dunkelblonde, bildschöne junge Frau, glücklich verheiratet und Mutter eines bezaubernden kleinen Jungen. Sie arbeitet als Stylistin und träumt seit Jahren von den großen Fotoproduktionen in New York oder in Südafrika. Sie hat sich einen sehr guten Ruf in Deutschland erarbeitet, doch immer, wenn ein international renommierter Fotograf anruft, verlässt sie der Mut. »Ich habe ein Problem«, berichtet Bettina. »Ich schäme mich so sehr für mein schlechtes Englisch, dass ich lieber auf gute Jobs und natürlich auch auf gutes Geld verzichte, anstatt mein Trauma zu überwinden. Ich weiß, wie sehr ich mir im Weg stehe, aber die Scham siegt einfach immer.«

Sie geht nicht ans Telefon, wenn eine andere Ländervorwahl im Display erscheint, sie fährt im Urlaub nur nach Mallorca, und ihre Agentur verzweifelt schier, denn natürlich, und das ist das Heimtückische an der Scham, würde Bettinas Englisch völlig ausreichen!

»Aber ich komme aus der ehemaligen DDR, habe Englisch erst sehr spät und auch recht schlecht gelernt, und da traue ich mich einfach nicht ran«, erklärt sie. Bettina schämt sich auch ein wenig für ihre Herkunft, das spürt man deutlich, wenn sie erzählt. In dem schicken, kleinen Haus in einem Münchner Vorort, in dem sie mit ihrem Mann lebt und das sie beide gemeinsam gekauft haben, will sie nicht die »Ossi-Tante« sein.

»Wir stecken in einer riesigen Schamfalle, wir sind schließlich nicht gut genug. Zu dick, zu dünn, zu groß, zu klein, zu alt, zu faltig, zu doof.«

Merken Sie gerade, wohin das führt? Immer tiefer in den Seelensumpf ...

So wie Bettina, einer begnadeten Stylistin, ergeht es vielen von uns. Wir verzichten lieber auf Jobs, Geld oder gemeinhin Glück, anstatt zu uns und wie in diesem Fall zu unserer Herkunft zu stehen. Wir vermeiden es, neue und möglicherweise bereichernde Menschen kennenzulernen, weil wir uns für unser Selbst stark schämen. Wir gehen auf keine Partys, weil wir mit unserem Äußeren unzufrieden sind, und öffentliche Bäder sind uns ein Gräuel. Ein Ausflug an den See? Gott beziehungsweise Scham bewahre!

Wir stecken in einer riesigen Schamfalle, wir sind schließlich nicht gut genug. Zu dick, zu dünn, zu groß, zu klein, zu alt, zu faltig, zu doof, und, und, und. Das ist doch gemeinhin unsere DNA. Früher gingen Forscher davon aus, dass die Scham hauptsächlich ein Frauenthema sei, doch heute weiß man, dass es Männer wie Frauen gleichermaßen betrifft, nur thematisch unterschiedlich. Ich habe mal einen wunderbaren Spruch gelesen: Frauen täuschen Orgasmen vor, Männer Selbstvertrauen. Da, liebe Leserinnen, lieber Leser, ist etwas dran!

»Frauen täuschen Orgasmen vor, Männer Selbstvertrauen.«

Der Teufelskreis der Scham beginnt mit dem unterliegenden Gefühl, nicht zu genügen. Es ist eben nicht eine Handlung, für die wir uns schuldig fühlen, sondern es ist unser gesamtes Selbst, das wir infrage stellen. Wir legen die Messlatte so hoch, dass wir mit schlafwandlerischer Sicherheit drunter durchpassen, aber selbst Ulrike Meyfarth es nie drübergeschafft hätte. Wir peitschen uns durchs Leben wie kleine Perfektionsmonster und geißeln uns, wenn es mal wieder nicht gereicht hat. Aber wann genau hätte es denn jemals gereicht? Und selbst wenn es mal reicht, wie lang lässt sich dieser Zustand wirklich aufrechterhalten? Die Scham aber befeuert Ängste und Perfektionismus, sie lässt uns nicht zur Ruhe kommen und öffnet auch körperlichen Krankheiten Tür und Tor. Ärzte beklagen zudem, dass Patienten aus Scham keine Vorsorgeuntersuchungen mehr vornehmen lassen.

Vor Kurzem habe ich eine erschreckende Zahl gelesen. 91 Prozent aller Frauen, hieß es, hassen ihren Körper. 91 Prozent. Was für eine Zahl! Und da stand nicht mal »91 Prozent sind unzufrieden mit ihrem Körper«, nein, da stand in großen Lettern »91 Prozent hassen ihren Körper«. Wie schrecklich! Warum hassen wir den treuesten Diener unseres Lebens so sehr? Die Würde des Menschen ist unantastbar, die unseres Körpers aber noch lang nicht! 16 Milliarden Dollar haben Amerikaner im vergangenen Jahr für Schönheitsoperationen und kosmetische Eingriffe aller Art ausgegeben – die Branche boomt.

Kein Wunder, denn wir genügen nie. Ich vermute, wenn wir in den Himmel kommen sollten, dass es bei Petrus zwei Eingänge mit je einem Schild drüber gibt: »Menschen, die mit sich rundum zufrieden waren« und »Menschen, die nie gut genug waren«. Ich wette, die Schlange unter letzterem Schild reicht bis kurz auf die Erde zurück.

Doch wie läuft der Prozess der innerlichen Selbstzerstörung tausendfach ab?

Meistens folgt auf ein »Ich bin nicht gut genug« die Scham darüber, wieder einmal in seiner Unzulänglichkeit bloßgestellt worden zu sein.

Darauf folgt: Ich muss mich bestrafen.

Und darauf schließlich: Ich habe wieder versagt, ergo bin ich nicht gut genug.

Und so geht der Teufelskreis immer weiter, der innere Diktator wird unerbittlich, er bekommt ja kontinuierlich wieder neues Futter für sein perfides Spiel.

Besonders plakativ wird der Teufelskreis beim berühmten Jojo-Effekt. Ich habe zugenommen und schäme mich dafür, ich muss mich mit Nulldiät bestrafen, ich versage dabei wieder und habe am Ende zehn Kilo mehr als vorher. Irgendwann geben wir auf und schämen uns dafür, dass wir aufgegeben haben. Merken Sie was?

Wir sind schon wieder mittendrin im perfiden Kreislauf der Scham.

»Lebendig zu sein in einem MENSCHLICHEN Körper ist das größte Geschenk, das eine Seele jemals erhalten kann.«

Gerade was das gegeißelte Körpergefühl betrifft, lassen sich mit Ratgebern schon ganze Bibliotheken füllen, da will ich Sie gar nicht weiter belästigen. Hierzu möchte ich einfach nur die indischen Weisen zitieren, die sagen: »Lebendig zu sein in einem MENSCHLICHEN Körper ist das größte Geschenk, das eine Seele jemals erhalten kann.« Sie hätten halt auch als Ameise reinkarniert werden können! Schon mal darüber nachgedacht? All unser westliches Streben nach Perfektion, nach den fünf Kilo weniger hier, dickeren Haaren und weniger brüchigen Fingernägeln da, nach noch mehr Geld und Ansehen, ergibt aus dieser Perspektive überhaupt keinen Sinn. Sie leben und atmen, und damit haben Sie schon alles erreicht. Mehr geht nicht. Wer atmet, ist bereits ein Gewinner.

Ich verstehe natürlich, dass man sich nicht wohlfühlt, wenn man zugenommen hat, die Hose zwickt und die Urlaubsfotos nach gestrandetem Wal aussehen. Ich kenne das! Aber ich lasse mir von meinem Hirn nicht mehr alles gefallen! Das Korsett, die Zwangsjacke der Perfektion, in die wir uns zwängen, macht überhaupt keinen nachvollziehbaren Sinn, denn Sie haben das größte Geschenk ja bereits erhalten. Sie dürfen leben in einem menschlichen Körper, der Krone der Schöpfung.

Warum verehren Sie ihn dann nicht, sondern kämpfen andauernd gegen ihn? Ich wiederhole: Sie haben das größte Geschenk erhalten! Wertschätzen Sie es! In dem wundervollen australischen Dokumentarfilm »Embrace« sitzt die Heldin, die bereits drei Kinder gestillt hat, im Selbstversuch beim Chirurgen, der ihr erzählt, dass ihre Brüste nicht mehr okay seien. Anschließend sagt sie: »Wieso sind die nicht okay? Die haben drei Kinder gefüttert, man sollte ihnen lieber einen Award verleihen, anstatt über sie zu lästern. Go boobs!«

DOPPELTES LEID

DIE SCHAM ÜBER DIE SCHAM

Keine Sorge, ich verstehe Sie, ich kenne das Problem natürlich auch nur zu gut. Fakt ist aber: Sie müssen überhaupt nichts tun. Sie. Sind. Bereits. Perfekt. Punkt. (Bitte atmen Sie an dieser Stelle dreimal tief durch, damit die Information tiefer in Ihr Bewusstsein dringen kann…) Es gibt keine äußeren Faktoren, die sie besser machen könnten. Sie als Mensch sind fehlerlos. Wenn Sie gesund sind und niemandem unnötiges Leid zufügen, sind Sie absolut perfekt.

Oh je, ich höre schon die Stimmen der Millionen kleiner Diktatoren in den Köpfen der Frauen. »Aber das stimmt doch gar nicht«, sagen sie unisono, »ich wäre bestimmt glücklicher, wenn ich so reich wäre wie Bill Gates, so schön wie Brigitte Bardot und so erfolgreich wie Lady Gaga.« Ah, herrlich, auch noch Vergleiche hinzuziehen! Großartig, da macht das Hirn erst recht den Schlenker in die Unzufriedenheit. Das Entscheidende ist: Wir halten unsere Werkzeuge zum Glück alle in unseren eigenen Händen. Und es geht ganz mühelos.

Allerdings sollten wir uns mit der Scham über die Scham auseinandersetzen. Sie merken es ja bereits: Die Scham ist eines der schlimmsten Gefühle überhaupt. Brené Brown definiert sie als »das äußerst schmerzhafte Gefühl oder die äußerst schmerzhafte Erfahrung zu glauben, dass wir fehlerhaft sind und deshalb keine Liebe und Zugehörigkeit verdienen«.[16]

Scham lässt uns zuweilen ein ganzes Leben nicht los, zumal niemand gern über Scham spricht. Psychologen berichten aus der täglichen Praxis, dass die Patienten zwar über Symptome sprechen, aber eben nicht über das ihr zugrundeliegende Gefühl. Die Scham verschließt uns Türen zu tief greifenden Beziehungen und treibt uns in die Einsamkeit.

Scham definiert sich als Teil unserer emotionalen Ausstattung, aber sie macht krank. »›Betroffene Patienten benennen meistens nur die Symptome an der Oberfläche‹, sagt der Psychoanalytiker Michael Titze. ›Über Scham zu sprechen ist schließlich beschämend.‹ Als er vor mehr als 30 Jahren als Psychotherapeut anfing, plagten Schamgefühle jeden fünften seiner Patienten. Heute, schätzt er, seien sie für mindestens jeden Dritten ein großes Thema. Die Gedanken der Patienten kreisten dann unentwegt um die eigene Person und die eigenen Fehler, sie schämten sich ihrer selbst.«[17]

»Akzeptieren Sie, dass Sie sich schämen, und zwar bedingungslos.«

Also wie umgehen mit einem Gefühl, das jeder hat, aber keiner haben möchte?

Mein erster Tipp: Verzeihen Sie sich Ihre Mechanik. Akzeptieren Sie, dass Sie sich schämen, und zwar bedingungslos. Schämen Sie sich! In Grund und Boden, sofort.

Eine Fressattacke in der Nacht? Jetzt würden Sie sich normalerweise schämen und im zweiten Schritt ordentlich geißeln, korrekt? »Wie konnte das wieder passieren? Was bist du für bloß eine Versagerin!« Dann würden Sie sich bestrafen (»Heute isst du nix mehr!«), um darüber wieder zu versagen (irgendwann landen wir ja doch wieder vor dem Kühlschrank) und sich erneut zu schämen. Aber warum in diesem Fall den zweiten Schritt vor dem ersten machen?

Der erste Schritt aus dem Teufelskreis ist zunächst die bedingungslose (!) Akzeptanz. Jawohl, ich schäme mich! So what? Das ist völlig okay. Wir müssen ALLE ran an die Scham, denn unerkannt und im Verborgenen vergiftet sie unseren Geist, unser Leben und unsere Gesellschaft umso mehr!

Die Betonung auf »Bedingungslosigkeit« bei unserer Akzeptanz ist deshalb so eminent wichtig, da wir Schamhaften uns sonst wieder kleine Ausflüchte suchen. In den Gedankenfluss würde sich sofort ein »Aber« einschleichen. »Ich akzeptiere jetzt meine Scham, ABER das nächste Mal wird es anders laufen.« Und schon wieder haben Sie sich patent unter Druck gesetzt. Deshalb ist das Wörtchen »bedingungslos« von entscheidender Bedeutung. Auch wenn Sie an der Selbstliebe zweifeln – der Satz lautet: »Ich liebe mich bedingungslos.«

Die amerikanische Psychologin June Price Tangney wurde im Gespräch mit der American Psychological Association (APA) gefragt, ob die Scham eine Variable in den Gesprächen mit all ihren Patienten sei, und sie sagte: »Ich glaube, dass die Scham in jeder einzelnen Therapiesitzung mit im Raum sitzt, sie schaut immer aus dem Hintergrund zu – auch beim Therapeuten selbst.«[18]

Tangney hätte sich gewünscht, dass sie schon eher, auch in ihrer Ausbildung, mehr über Scham erfahren hätte. Allerdings zeigte sich ihr in ihren späteren Forschungen, dass das Gefühl früher einfach falsch bewertet und wenig beachtet wurde. Auch das ist ein Phänomen der Scham: Andere wollen mit ihr nichts zu tun haben, die Scham arbeitet am liebsten im Dunkeln. Sagen Sie mal zu einer Freundin: »Da habe ich mich furchtbar geschämt.« Damit setzt sich sich niemand gern auseinander, denn die Existenz der Scham wird am allerliebsten geleugnet. Doch da liegt der große Fehler!

»Andere wollen mit ihr nichts zu tun haben, die Scham arbeitet am liebsten im Dunkeln.«

Wer sich mit ihr beschäftigt, merkt, welche absolut bizarren Auswüchse sie mit sich bringt. Für mich hatte sie weitreichende Folgen in meinem Privatleben. Denn in der Zeit der nicht entdeckten Scham bedeuteten für mich zum Beispiel fünf Kilo mehr nicht nur einfach fünf Kilo mehr. Ich schämte mich, seit ich denken kann, für meine Figur. Selbst als ich mich im Zuge einer Essstörung als Teenager im lebensbedrohlichen Bereich bewegte, fühlte ich mich immer noch zu dick. Diese Scham konnte ich nie mehr ablegen.

Ich geriet in eine Spirale der Selbstabwertung, die ihresgleichen suchte. Ein gedanklicher und emotionaler Turbo wurde gezündet, ein giftiger Cocktail aus dem inneren Jüngsten Gericht (»Du Versagerin«) und der ultimativen Entwertung (»Du bist nicht liebenswert«). Die Scham trieb mich so weit, dass ich als Single Avancen von Männern, die mich anziehend fanden, in einer Gewichtszunahme-Phase grundsätzlich ignorierte. Für mich galt der Umkehrschluss: Ich versage, also bin ich nicht liebenswert.

Wer das dennoch findet, muss einen an der Waffel haben. Den würde man ja niemals wollen! Was für eine gemeine Spirale der Isolation. Und damit bin ich wirklich nicht allein. Scham ist ein allumfassendes Gefühl, das für die Betroffenen großes Leid mit sich bringt, egal was oder wer der Auslöser ist. Denn sie überflutet das Selbst bis zur kompletten Entwertung und lässt dich so leicht auch nicht mehr los. Wer wirklich hinschaut, wird seine Scham als äußerst destruktiven und qualvollen Teil seiner Gefühlswelt wahrnehmen. Aber: Das ist auf jeden Fall ein erster Schritt!

Außerdem gilt: Es ist wichtig, sich selbst die Scham zu verzeihen, sonst befeuert sie doppeltes Leid – am Ende schämen wir uns noch, weil wir uns schämen, und landen im eben beschriebenen Teufelskreis.

Erst als ich den Schlüssel in der Hand hielt, um die Scham zu erkennen und aufzulösen, habe ich den Mann fürs Leben kennengelernt und bin jetzt glücklich verheiratet. Ich kann nichts versprechen, aber ich weiß, dass – falls Sie noch nicht den Mann fürs Leben gefunden haben – es Ihnen nach der Lektüre dieses Buches leichter fallen wird.

VERWECHSELUNGSGEFAHR!

SCHAM ODER SCHULD?

Es ist wichtig, dass wir an dieser Stelle den Unterschied begreifen zwischen Scham und Schuld. Deshalb zurück ins Labor zu Tangney und ihrem Team von der George Mason University, die diesem Unterschied nachgingen. Früher wurde Scham als Gefühl eingeordnet, das sich nur einstellt, wenn die Bewertung anderer beteiligt ist. Scham brauchte also Publikum. Heute weiß man, dass sich die Differenzierung zwischen Scham und Schuld anders gestaltet. Wir müssen unsere Nase jetzt tief in den Dreck stecken, denn wir können viel Leid auflösen, wenn wir allein den Unterschied zwischen Scham und Schuld begreifen.

Schuld bezieht sich auf ein konkretes Fehlverhalten.

Scham bezieht sich auf das gesamte Selbst.

Tangney führt aus: »Die Leute fühlen sich schuldig oder beschämt aus allen möglichen Gründen. Allerdings gibt es einen großen Unterschied: Schuld korreliert mit einer Handlung, Scham betrifft das gesamte Ich. Darauf folgt ein Gefühl von Ohnmacht, fehlendem Selbstwert, einem ›Sich-klein-Fühlen‹.«[19]

Wer sich schuldig fühlt, versucht zu handeln, es besser zu machen, es »wieder gut« zu machen.

Wer sich schämt, blockiert sich, sinkt in sich zusammen und zweifelt an sich.

Schuld: Ich habe etwas Falsches getan.

Scham: Ich bin falsch.

Schuldgefühle wirken sogar noch konstruktiv: Diejenigen aus Tangneys Forschungen mit Schuldneigung studierten später mit höherer Wahrscheinlichkeit und gingen verantwortungsvoll mit sich selbst und ihren Mitmenschen um. Die Jugendlichen hingegen, die zu Schamgefühlen neigten, tendierten zu sozialem Rückzug und einem ausgeprägten Risikoverhalten. Bei ihnen war die Wahrscheinlichkeit höher, dass sie von der Schule flogen, Drogen nahmen oder kriminell wurden.

Scham geht also viel weiter in der Ablehnung des eigenen Ichs, es ist die totale Ablehnung des Selbst! Diese Ablehnung geschieht aus dem Unterbewusstsein heraus und bereitet so permanente Schmerzen. Außerdem blockiert sie jeden Verbesserungsprozess. Schuld lässt die Betroffenen oft aktiv werden, es gibt ja schließlich auch die Möglichkeit der »Ent-Schuldigung«. Wir können uns frei machen von Schuld, manchmal sogar freikaufen, wir können eine »fehlerhafte« Handlung wiedergutmachen. Aber haben Sie schon mal etwas vom »Entschämen« gehört? Ganz sicher nicht. Deshalb brauchen wir andere Strategien, die uns vor dieser Art der Entwertung schützen.

»Scham ist die totale Ablehnung des Selbst!«

WIR SIND NICHT SCHULD AN UNSERER SCHAM!

Zunächst einmal müssen wir uns für all die Vorwürfe, die wir uns dauernd machen, selbst vergeben. Für all den Druck, den wir uns selbst auferlegen. Wer hat denn all diese destruktiven, zersetzenden Gedanken? Wer ist dafür verantwortlich? Nur wir selbst, denn wir denken sie. Und dennoch sind wir nicht schuld an der Scham.

Einer der berühmtesten Hirnforscher Deutschlands, Gerald Hüther, hat über Jahrzehnte unser Oberstübchen erforscht und festgestellt, dass die Entwicklungsbedingungen (!) entscheidend sind für die Prägungen des einzelnen Menschen. »Es gibt keine Faulheitsgene, Intelligenzgene, Melancholiegene, Suchtgene oder Egoismusgene. Was es gibt, sind unterschiedliche Anlagen, charakteristische Prädispositionen (Veranlagungen) und spezifische Vulnerabilitäten (Anfälligkeiten). Was aber letztendlich daraus wird, hängt von den jeweils vorgefundenen Entwicklungsbedingungen ab.«[20]

Das bedeutet: Die Entwicklung des Gehirns beginnt ja im Mutterleib und ist schon dort abhängig von guten Bedingungen. Genug Nährstoffe, ausreichend Flüssigkeit und Zuneigung, aber auch Ruhe und Sicherheit. Umgekehrt können gravierende Schäden verursacht werden durch mangelhafte Bereitstellung der adäquaten Ernährung oder durch Alkohol und Zigaretten. Aber auch feinstofflichere Substanzen wie Hormone oder Signalstoffe, die die psychische oder physische Überlastung der Mutter auf das Ungeborene übertragen, haben mitunter negativen Einfluss auf die Hirnentwicklung des Fötus. In den ersten Jahren, davon ist der Neurobiologe Hüther überzeugt, sollte ein Kind möglichst viele und möglichst sichere Beziehungen zu anderen Menschen eingehen. Dann tappt es weit weniger leicht in die auf den letzten Seiten beschriebene Schamfalle.

Er belegte dies auch anhand eines Rattenversuchs, bei dem er die Hirnentwicklung bei einer größeren und einer kleineren

Gruppe von Ratten beobachtete. Das Ergebnis: Die Ratten aus der größeren Gruppe hatten eine durchweg signifikant dickere Hirnrinde als die aus der Vergleichsgruppe entwickelt, bei ansonsten gleichen Bedingungen. Auch waren sie weniger anfällig für Krankheiten.[21]

Bei einem anderen Versuch wurden zwei gleich große Rattenpopulationen bei gleicher Abstammung und gleichem Futter in völlig anderen Käfigen gehalten. Die einen fristeten ihr Dasein in einem einfachen Käfig, der wenig Abwechslung bot. Die anderen hatten Erkundungs- und Spielmöglichkeiten, bei denen sie ihre Geschicklichkeit erproben konnten. Schon nach kurzer Zeit stellt man bei den »Akrobaten« ein größeres Gehirn mit einer weitaus höheren Zelldichte fest. Nach einigen Monaten gab man beiden Gruppen eine weitere Aufgabe. Sie sollten aus einem Labyrinth den Weg nach draußen finden. Und das gelang den Ratten – aus dem, ich nenne ihn jetzt mal »Kreativkäfig« – deutlich schneller.

»Hey, wir sind schon mal frei von jeglicher Schuld!«

Wenn wir nun auch noch die Tatsache mit einbeziehen, dass das Gehirn die größte Menge an Erfahrungen und Informationen im Kindesalter »verarbeiten« muss, so können wir doch nur dort die Ursachen für unsere Denkstrukturen und Muster suchen. Und das bedeutet schließlich: Hey, wir sind schon mal frei von jeglicher Schuld!

Bereits im Mutterleib bilden sich Gehirnstrukturen: Ein Baby kommt mit etwa 100 Millionen Neuronen, kleinen Mini-Schaltzellen, zur Welt. Am Ende des dritten Lebensjahrs besitzt ein Kind etwa 200 Billionen davon. Dies entspricht der doppelten Anzahl der Synapsen eines Erwachsenen. Bis etwa zum Teenageralter bleibt diese Menge an Verbindungen aktiv, um anschließend langsam zu sinken. In den ersten Lebensjahren entwickelt ein Kind um 100 Prozent mehr Synapsen, als ihm später als Erwachsenen zur Verfügung stehen.

Welche Richtung die Entwicklung des Gehirns nimmt, ist in hohem Maß von den Erfahrungen und Lernerlebnissen in den ersten Jahren geprägt. Zusätzlich wirken genetische Vorbedingungen auf die Prozesse im kindlichen Gehirn mit ein. Überprüfen Sie also einmal Ihre Kindheit. War Ihre Mutter oft überfordert? Waren Sie ein Wunschkind? Und welche Rolle spielte beispielsweise Alkohol in Ihrer Familie? Wurde angemessen auf Sie reagiert?

Sie waren ein Kind, ein »Opfer«, als die Disposition für Ihr späteres Denken gelegt wurde. Vielleicht belasteten finanzielle Sorgen Ihre Eltern, vielleicht tief greifende Ängste. Möglicherweise gab es schon Depressionen in der Familie und damit unsichere Bindungen. Oder hat Ihr engstes Umfeld schon auf Sie als Kind nicht zuverlässig reagiert? Wir erinnern uns: Da entsteht ein großer Teil der Scham. Aber Sie sind nicht schuld! Ihre Umwelt hat sich einfach nicht auf Sie eingestellt.

Sie können die Schuld für Ihre Scham bei sich schon einmal rational streichen. Sie können wirklich nichts dafür. Punkt.

Die gute Nachricht ist: Das Gehirn lässt sich überlisten. Wir können neues Denken lernen. In dem vorhin beschriebenen Rattenversuch mit den Tieren in günstiger und ungünstiger Umgebung sorgte am Ende ein Effekt für großes wissenschaftliches Aufsehen: Denn nachdem der Versuch abgeschlossen war, setzte man die erwachsenen Ratten aus dem reizarmen Käfig in den Käfig mit abwechslungsreicher Umwelt. Und was geschah? Nach wenigen Wochen nahmen bei den weniger entwickelten Rattengehirnen die Verzweigungen an den Nervenzellfortsätzen zu, und die Forscher konnten eine gesteigerte Synapsendichte nachweisen. Das ist der Beweis: Für neues Denken ist es nie zu spät.

»Das Gehirn lässt sich überlisten. Wir können neues Denken lernen.«

Auf mich persönlich wirkte sich diese These ausgesprochen positiv aus. Als ich nämlich begriff, dass ich an meinen selbstzerstörerischen Denkmustern zunächst einmal gar keine Schuld trug, bot sich auch meiner Scham deutlich weniger Angriffsfläche. Vielleicht, dachte ich, ist mit mir ja irgendwie doch alles in Ordnung?

SCHAM – DAS UNERFORSCHTE GEFÜHL

Die Scham, und das hat sich in meinen Recherchen und Forschungen immer wieder bestätigt, kommt in vielen Gewändern. Sie tarnt sich gern und bleibt ebenso gern unerkannt. Viele unserer Probleme ließen sich leicht lösen, wenn uns die geschickt geschulte Scham keinen Strich durch die Rechnung machen würde. Wir wissen wenig über Scham, und wir reden auch nicht gern darüber. Logisch!

Das stellt deshalb ein Problem dar, weil die Scham größer wird, je weniger man über sie spricht. Scham zersetzt die Gesellschaft, weil sie durch Heimlichtuerei, Schweigen und die befürchtete Bewertung von außen sowie die schlechte Bewertung im Innern auch noch größer wird und immer weiterwächst. Scham, sagt Brené Brown, sei die »stille Epidemie unserer Kultur«.[22] Der Autor Salman Rushdie vergleicht in seinem Roman »Scham und Schande« die Scham mit einer Flüssigkeit, die weiter und immer weiter von einem Gefäß ins nächste gekippt wird. Auch wenn das Interesse an unserem Thema in den vergangenen zehn Jahren gerade in den USA größer geworden ist, so spricht niemand gern darüber. Denn Scham trennt die Menschen. Wer sich schämt, möchte am liebsten mit seinem Leid allein sein. Das drückt auch die Sprache aus, wenn es heißt: »Jemand schämt sich.«[23]

Betrachten wir die politische Entwicklung in Deutschland, so lassen sich einige Phänomene auch auf die Scham zurückführen. Warum enttarnen sich in Sachsen so viele Rechte, obwohl dort die wenigsten Flüchtlinge sind? In der Schamtheorie geht man davon aus, dass derjenige, der sich schämt und dieses Gefühl vermeiden will, andere BEschämt. Ausgerechnet die »entwurzelten« Bürger der ehemaligen DDR, die sich nicht mehr als Teil dieser Gesellschaft fühlen, zeigen mit dem Finger auf die, die ebenso entwurzelt sind, die ihr Land sogar verlassen mussten. Eine klassische Schamspiegelung.

Mit diesem Wissen möchte ich einen Schritt weitergehen: Scham hat sich zu einer krankhaften Störung unserer Gesellschaft entwickelt. Sie liefert den Bodensatz für Millionen von Entscheidungen, die täglich getroffen werden, und führt meist zu Leid und Abspaltung. Sie ist toxisch, destruktiv und macht krank. Sie führt einerseits in die Anpassung und andererseits ins Leiden. Was davon präferieren Sie? Gar nichts? Sehen Sie, deshalb sind wir beide hier.

Die 25 Prozent vermehrte Ausschüttung des Botenstoffs TNF alpha ist bereits erschreckend genug. Das bedeutet nämlich, dass unser Immunsystem aufgrund der Scham ziemlich verrücktspielt. Forscher der Universität Berkeley in Kalifornien haben aber auch herausgefunden, dass die Scham anscheinend eine eigene Region im Gehirn besitzt. Sie vermuten, dass sich diese direkt hinter der Stirn über den Augenhöhlen befindet. Wenn wir uns blamieren, soll dieses Areal die unangenehmen Empfindungen hervorrufen.

Die Wissenschaftler hatten einen Patientenkreis untersucht, bei denen ein Tumor die Hirnregion über den Augenhöhlen zerstört hatte. Das erstaunliche Ergebnis: Wurden sie nach peinlichen Erlebnissen in ihrem Leben gefragt, konnten sie sich sehr gut daran erinnern und auch detailliert darüber berichten – empfanden aber im Gegensatz zu Versuchspersonen mit komplett gesundem Gehirn keinerlei Scham. Diese Region soll also unseren Takt-Kompass darstellen.[24]

Die akute Scham hat im Zweifelsfall noch eine gesunde und abgrenzende, ja schützende Komponente. Doch mittlerweile haben uns die vielen Gesichter der Scham fest im Griff. Sie sabotieren Beziehungen, lähmen unsere Willenskraft und treiben uns in die Isolation. Wir kriechen unter einen großen imaginären Tisch und hoffen inständig, dass niemand unser ständiges Versagen beobachtet. Aber wie viele verschiedene Gesichter hat die Scham eigentlich? Geht es nach dem Sozialwissenschaftler Dr. Stephan Marks von der Universität Freiburg, so unterscheiden wir fünf Grundformen der Scham:[25]

1. Intimitätsscham
   Sie hütet »die Grenzen der Privatheit und Intimität«, den »Kern der Identität« eines Menschen.[26] Sie achtet darauf, wie viel wir von unserem Selbst anderen preisgeben können. Traumatische oder regelmäßige Grenzverletzungen haben die pathologische Intimitätsscham zur Folge (auch »traumatische Scham« genannt).
2. Anpassungsscham
   Sie ist die Hüterin der Zugehörigkeit, der Kompass im Zusammenleben mit anderen Menschen und deren Erwartungen, Normen und Werten. Anpassungsschamgefühle bleiben zurück, wenn wir den Erwartungen unserer Mitmenschen nicht gerecht und ausgegrenzt werden.
3. Die moralische oder Gewissensscham …
   … soll unsere Integrität und die Reinheit unserer Seele schützen. Sie achtet darauf, dass wir uns selbst treu bleiben.
4. Empathische Scham
   Sie bezeichnet die Fähigkeit des Menschen, die Scham eines Mitmenschen empathisch mitzufühlen, zum Beispiel wenn der nette Kollege vom Chef massiv in unserem Beisein kritisiert wird. Neurobiologisch wird dies durch die Spiegelneuronen bewirkt, die der italienische Neurowissenschaftler Giacomo Rizzolatti entdeckt hat.
5. Gruppenscham …
   … ist die Scham, die sich nicht auf die eigene Person bezieht, sondern auf andere Menschen, wenn diese die herrschenden Erwartungen und Normen nicht erfüllen. Wir schämen uns zum Beispiel für Wähler einer Partei, die rechtsgerichtetes Gedankengut verbreitet.

»Wir müssen uns der Scham stellen, denn wir können ihr nicht entkommen.«

Diese vielen Gesichter der Scham zeigen vor allem eines: Wir müssen uns ihr stellen, denn wir können ihr nicht entkommen. Allerdings tun sich viele Menschen so schwer damit, dass sie die Scham auf jeden Fall abwehren wollen. Sie wollen nicht ins

Antlitz der Scham blicken, deshalb versuchen sie, den »bösen Blick« umzukehren. Wer unter starker Scham leidet, beschämt auch noch andere. Viele junge Männer können ihre Scham, zum Beispiel über ihre Armut im Vergleich mit den Hochglanzleben auf Instagram, kaum kanalisieren. Das sind die jungen Männer, die in U-Bahnen oder aber Fußgängerzonen herumpöbeln, denen schon ein »böser Blick« reicht, um eine Schlägerei anzuzetteln. »Hey Alter, was schaust'n so?« reicht als Begründung für Fausthiebe und Fußtritte. Na bravo! Wenn sie ehrlich wären, müssten sie sagen: »Ich schäme mich, ich bin nicht gut genug, ich fühle mich als Versager.« Dieser ehrliche Umgang mit der Scham wäre aber vermutlich zu viel verlangt. Und wir dürfen auch die Passanten nicht vergessen, die sich möglicherweise schämen, weil sie sich fragen: WARUM habe ich nicht geholfen?

»Wer unter starker Scham leidet, beschämt auch noch andere.«

Immer wieder treten Forderungen auf, dass der verantwortungsvolle Umgang mit Scham in Schulen und für die Polizei auf Fortbildungen gelehrt werden sollte. Kriminelle geraten nämlich häufig in den Teufelskreis der Täterscham: Scham – Delinquenz – Scham – Delinquenz. Wenn sie ihre Verhaftung, Verhöre, Gerichtsverhandlung und Bestrafung als beschämend erleben, verlassen sie das Gefängnis mit noch mehr Schamgefühlen, die erneut abgewehrt werden müssen.[27] Sehr oft ist Macho-Gebahren eine Fassade für Scham; die Affektabwehr ist (vorgetäuschtes) Selbstvertrauen und Sicherheit als Gegengewicht gegen das nagende Gefühl der Wertlosigkeit.[28]

In der Gewaltforschung standen über einen sehr langen Zeitraum Täter und Opfer im Mittelpunkt. Dabei wurde übersehen, dass Gewaltszenen (beispielsweise wenn in einer Fußgängerzone ein Passant zusammengeschlagen wird) ebenfalls verheerende Auswirkungen auf die Zeugen haben können, denn diese bleiben häufig mit starken Schamgefühlen zurück – und gleichzeitig mit dem sie immer quälenden Gedanken: Warum nur habe ich nicht geholfen?

SCHAM IM SPITZENSPORT

LEISTUNG ALS LAST

Auch bei meiner Arbeit als Sportjournalistin habe ich viel versteckte Scham erlebt. Bekannteste Beispiele sind natürlich Sebastian Deisler und Robert Enke, der 2009 nach einer langen Historie einer depressiven Erkrankung Suizid beging. Er litt unter großer Scham anzuerkennen, dass sein Problem zu übermächtig war, um allein damit fertigzuwerden. Er war doch Leistungssportler, Leistungsträger! Viele Ärzte sind sich heute einig: Robert Enke hätte ohne diese Scham eine deutlich bessere Chance auf ein gesundes Leben gehabt. Seine Witwe Teresa Enke gründete nach Roberts Tod eine Stiftung, die sich unter anderem der Erforschung von Depressionen widmet – aber sie hat sich vor allem auch der Aufklärung verschrieben. In einem offenen Brief schrieb sie, »dass es immer noch der erste und vielleicht wichtigste Schritt sei, ›dass wir ohne Verzagtheit und falsche Scham über die Krankheit reden können‹«[29].

Sebastian Deisler, einst eines der größten Talente im deutschen Fußball, beendete mit 27 Jahren seine Karriere. Auch er litt unter Depressionen, außerdem hatten ihn fünf Knieoperationen zermürbt. Am 16. Januar 2007 verkündete er auf einer Pressekonferenz: »Ich habe die Freude und den Spaß verloren. Es war zuletzt für mich eine Qual. Ich kann nicht mehr.«[30] Neben ihm saß ein sichtlich gebeutelter Uli Hoeneß. Er hatte für den Spieler gekämpft, aber er musste eine Niederlage eingestehen. Deisler, der vielleicht vielversprechendste Spieler Europas in dieser Zeit, zog sich später völlig aus der Öffentlichkeit zurück. Heute lebt er im Breisgau.

Der blonde Hüne Per Mertesacker galt über fast zwei Jahrzehnte als Prototyp des kantigen Verteidigers, ein Baum von einem Mann, zwei Meter groß. Kurz nach seinem Karriereende offenbarte er in einem Interview mit dem Spiegel, dass Fußballprofi zu sein für ihn überhaupt kein Traumjob war – im Gegenteil! »Jeder lerne im Fußballgeschäft schnell, ›dass es null mehr um Spaß geht, sondern dass du abliefern musst, ohne Wenn und

Aber‹, sagte der ehemalige Kapitän des FC Arsenal.«[31] Immer, wenn er auf den Platz kam, entwickelte er Brechreiz, nach den Spielen plagte ihn Durchfall. Aus Scham habe er nie darüber gesprochen, seiner Frau und seiner Familie alles verschwiegen.

»Der Druck habe ihn teilweise aufgefressen: ›Dieses ständige Horrorszenario, einen Fehler zu machen, aus dem dann ein Tor entsteht.‹ Als besonders belastend habe er während der Weltmeisterschaft 2006 im eigenen Land den Druck und die Angst empfunden, Fehler zu begehen, sagte Mertesacker: ›Klar war ich auch enttäuscht, als wir gegen Italien ausgeschieden sind, aber vor allem war ich erleichtert. Ich weiß es noch, als wäre es heute. Ich dachte nur: Es ist vorbei, es ist vorbei. Endlich ist es vorbei.‹«[32]

Besonders tragisch: Aus Scham vor den Kollegen und aus Angst um den Stammplatz trauen sich im Fußball immer noch viel zu wenige Profis, Hilfe anzunehmen. »In Bremen sei ihm [Mertesacker] erstmals die Hilfe eines Psychologen angeboten worden. ›Wenn er uns angesprochen hat, haben alle eigentlich immer nach dem Motto reagiert: Ich hab nichts, mir geht es gut, bleib weg von mir, ich will nicht mit dir reden.‹«[33] Mertesacker hat auch hier aus Scham vor den Mitspielern keine Hilfe angenommen.

Auch Trainer sind vor der Scham nicht gefeit. Ein englischer Coach sagte einmal zu mir: »Wenn ich ganz ehrlich bin, erreiche ich die Spieler gerade nicht mehr, ich schaue in leere Gesichter. Und dann schäme ich mich.« Auf ein gewonnenes Spiel folgt ein Abend, »an dem man sich mal was gönnt«, nach einem verlorenen »liegt man die ganze Nacht wach und grübelt«. Die Offenbarung der Unperfektion scheint im gläsernen Fußballzirkus zu großen Problemen zu führen – Millionengehälter hin oder her. Besonders schlimm ist es für Trainer-Quereinsteiger, die nicht schon zuvor Hunderte von Niederlagen als Spieler einstecken mussten. »Das ist ein großer Unterschied«, sagte mir einst ein Übungsleiter, der nicht aus dem Profibereich stammte und in den Niederlanden arbeitete. »Ich komme mit Niederlagen einfach viel schlechter zurecht als ein Trainer, der schon als Profi und in jungen Jahren x-mal verloren hat. Der ist da schneller wieder mit durch und hält nicht so lange fest. Ich brauche ewig und werde mich an dieses Gefühl nie gewöhnen.«

Eine besonders perfide Nuance übrigens noch am Rande: Von Brené Brown kennen wir bereits die »Kultur des Mangels« (siehe S. 25). Das Problem liegt also keinesfalls darin, dass zu viele Leute mit Grandiositätsfantasien unterwegs sind, sondern dass sich die meisten mit ihrer Existenz im Minus fühlen. Von daher freuen sich bei einem Fußballspiel auch noch Millionen von Fans von Mannschaft X, wenn ein Spieler von Gegner Y einen Fehler macht, weil das Beschämen anderer ein bequemer Grusel ist, mit dem man das hässliche Gefühl der Scham von sich selbst fernhalten kann. Kein besonders feiner Zug, aber das hätten wir von der Scham jetzt auch schon nicht mehr erwartet, oder?

Hier erleben wir die klassische Schamabwehr. Wir kennen doch das alte Sprichwort: »Wer den Schaden hat, muss für den Spott nicht sorgen.« Ich habe mich früher oft gefragt, warum Menschen hinterrücks gemein über andere lästern oder gar Unwahrheiten in Umlauf bringen. Die Antwort lautet: Sie beschämen andere, weil sie glauben, so ihre eigenen Schamgefühle abwehren zu können. Schamforscher Léon Wurmser nennt das »schamabwehrende Deckaffekte«: »Eine Kränkung oder Erniedrigung wird dadurch erwidert, dass sie einem Ersatzobjekt oder in stark verzerrter Form weitergegeben wird.«[34]

Wir wissen aber mittlerweile: Das bringt überhaupt nichts! Denn selbst wenn ich im Vergleich mit einer anderen Person »besser abschneide« – und ja, wir Menschen sind alle Schnäppchenjäger und Preisvergleicher –, so steigert das keinesfalls nachhaltig meinen Selbstwert. Der wird durch ganz andere Faktoren begünstigt, und schlechtes Karma zu verbreiten zählt mit Sicherheit nicht dazu. Im Gegenteil.

Ich bin davon überzeugt, dass der Schwingen bekommt, der anderen Flügel verleiht, ohne Werbung für einen Getränkehersteller machen zu wollen. Über die kleinen Kniffe zur Stärkung des Selbstwerts bekommen Sie noch wertvolle Tipps – denn das Wichtigste ist, dass Sie sich wohlfühlen und begreifen, dass Sie bereits die Krone der Schöpfung sind. Mehr geht leider nicht. Was werden Sie fluchen, wenn Sie demnächst als Ameise zurückkommen. Dann sind Ihnen Ihre menschlichen Probleme völlig egal.

Mir wurde die Scham gewissermaßen in die Wiege gelegt. Als Lehrerkind, das nicht den einheimischen Dialekt sprach, stand ich immer im Fokus, und das war nicht zwingend positiv. Ich schämte mich vor den anderen Kindern, weil ich nicht ihre Sprache sprechen konnte, und eignete mir das Pfälzisch dann in der neunten Klasse wie eine Fremdsprache an. Damit die anderen mich nicht mehr ausschließen konnten, jetzt, da ich doch endlich ihre Sprache sprach. Es klappte bedingt, ich entwickelte veritable Essstörungen, bis ich an der Front einige Therapieerfolge erzielte. Es folgten dann einige Jahre der depressiven Verstimmung und schließlich die Entdeckung meiner eigenen Scham. Erst als ich die Dimension dieser »Krankheit« entdeckt hatte sowie die Formel des Teufelskreises (Ich bin nicht gut genug. – Ich verdiene Bestrafung. – Ich schäme mich.), begann endlich der Weg aus der Scham.

DER UNERKANNTE PRODUKTIVITÄTSKILLER

Christina (36) war wütend. Mehr als wütend. Denn ihr direkter Vorgesetzter in der großen Werbeagentur, für die sie arbeitete, hatte für ihr Team ein neues Bewertungssystem eingeführt. Jede Präsentation vor einem Kunden sollte im Anschluss benotet werden, und zwar von einem ausgewählten »Kritiker« nach von ihm vorgegebenen Gesichtspunkten: Vortrag, Inhalt, Aufbereitung usw. Das erschien ihr noch irgendwie plausibel, aber der Chef hatte sich etwas besonders Perfides ausgedacht: Er ließ nämlich Schulnoten vergeben. Jawohl, Schulnoten!

Damit auch ja klar wurde, für wie ausgereift er seine Mitarbeiter hielt. Dass er dabei nichts Gutes im Schilde führte, ahnte sie schon. Was sie nicht wusste: Er hatte seinem wichtigsten Mitarbeiter sogar mit auf den Weg gegeben, »bloß nicht zu gut zu benoten«. »Die Note Eins ist tabu! So gut kann hier keiner sein«, betonte er.

Das Tribunal tagte Montag, elf Uhr. Der Kundentermin vier Tage zuvor war sehr gut gelaufen, Christina hatte bereits mehrere Signale erhalten, dass sie den Pitch gewinnen würden. Doch Christina wurde puterrot und konnte vor Aufregung kaum sprechen, als sie vor die Kollegen treten musste. Wie durch eine Zeitkapsel fühlte sie sich plötzlich zurückversetzt in ihre Kindheit, und die schlimmsten Prüfungsmomente tauchten wieder vor ihrem inneren Auge auf: Wie hatte sie sich geschämt damals, als sie unvorbereitet in Latein drangekommen war und außer Stottern kaum etwas über die Lippen gebracht hatte. Sie sprach auch heute noch ungern vor Leuten und fühlte sich ziemlich unwohl in ihrer Haut. Die leidigen Präsentationen hatte sie immer als notwendiges Übel hingenommen und irgendwann auch akzeptiert. Aber jetzt, vor 20 »Lehrern« ihren Vortrag Revue passieren zu lassen, ließ ihre schlimmsten Albträume wie Spaziergänge auf Sommerwiesen wirken.

Was hatte sich ihr Chef nur dabei gedacht? Zugegeben, er war schon immer wenig empathisch, aber jetzt auch noch sadistisch? Christina wollte im Boden versinken. Und auch viele Kollegen litten unter der Situation, denn sie mochten sie und wollten ihr helfen, ihr am liebsten gleich eine Eins geben. Doch auch das traute sich niemand. Sie litten in dem Moment unter emphatischer Scham.

Zugegeben, das ist ein extremes Beispiel, aber es ist genau so passiert. Es endete damit, dass anonyme E-Mails beim Betriebsrat landeten und der Chef schließlich zur Räson gerufen wurde. Klar ist auch: Für Christina war die Angst vor dem Versagen, die Scham vorm Nicht-Genügen das größte Problem. Aber nicht vor dem Kunden, sondern vor den eigenen Kollegen.

Ein großer deutscher Maschinenbauhersteller wurde von einem chinesischen Konzern aufgekauft. Bei der ersten Messepräsentation unter dem neuen Namen baute der alte Firmenchef aber noch auf seine gemeine Prangerstrategie: Nach einem Messetag wurden erst die Mitarbeiter auf die Bühne gerufen, die die meisten »Kontakte« ergattert hatten, sprich die meisten potenziellen Kunden akquiriert hatten. So weit, so normal, dabei handelt es sich um ein bei vielen Firmen probates Mittel zur vermeintlichen Motivationssteigerung (wobei ich da überhaupt nicht mitgehe, da auch das die anderen Mitarbeiter beschämt). Aber im Anschluss hatte sich der Patriarch noch etwas besonders Fieses einfallen lassen: Er rief auch die zehn Mitarbeiter auf die Bühne, die am schlechtesten abgeschnitten hatten. Was für eine schreckliche Situation für die so gescholtenen Kräfte, die sich nicht einmal rechtfertigen konnten. Herzlich willkommen also am Pranger der Industrialisierung.

Wir stehen hier vor einem Problem von gigantischem Ausmaß. Denn die Annahme etlicher Führungskräfte, dass die Bloßstellung und damit Scham als Anreiz zu mehr Leistung führe, ist eine komplette Fehleinschätzung.

DIE LÖSUNG ALLER BÜROPROBLEME

Der Internetgigant Google hat jahrelang untersucht, was das »perfekte Team« ausmacht. Allein auf dem luxuriösen Google-Campus in Mountain View, Kalifornien, arbeiten 20.000 Mitarbeiter, und man wollte herausfinden, warum manche Teams erfolgreicher und vor allem effektiver arbeiteten als andere – auch wenn sie aus gleich guten Mitarbeitern mit nahezu identischer Ausbildung bestehen. Vorab: Googeln ließ sich das nicht.

Und Sie können sicher sein: Den Google-Mitarbeitern geht es bestens! Es gibt im Googleplex eine Beachvolleyball-Anlage, sieben Fitnesscenter, Kickerkästen, eine Kletterwand, eine Kegelbahn und von Mitarbeitern gepflegte Gemüse- und Kräutergärten für die Köche, die in etwa 30 Restaurants kostenlos vor allem gesunde Kost zubereiten. Die überwiegend jungen Menschen können zum Arzt, Zahnarzt, Psychologen, Friseur, Masseur, ins Pilates, in die Reinigung gehen oder das Auto waschen und Öl wechseln lassen, das E-Auto aufladen, ohne je den Campus verlassen zu müssen.

Und trotzdem ergaben sich natürlich in der Arbeit Unterschiede in der Effektivität der Teams. Google wollte wissen, warum, und nannte das Projekt »Aristoteles«, basierend auf Aristoteles' berühmtem Satz »Das Ganze ist mehr als die Summe seiner Teile«. Gemeinsam mit der Universität Harvard kam Google nach mehrjähriger Forschung und der Überprüfung von etwa 180 verschiedenen Teams zu einem überraschenden Schluss.

»Der wichtigste Faktor für die Effektivität des Teams war die psychologische Sicherheit.«

Denn das, was die effektiveren von den weniger effektiven Teams unterschied, war nicht etwa das Arbeitspensum oder die individuelle Leistung der einzelnen Mitarbeiter. Es waren nicht diejenigen am effektivsten, die am meisten zusammenhockten, am längsten in der Firma weilten oder auch noch nach Feierabend die dicksten Freundschaften pflegten.

Nein, nichts von alledem.

Der wichtigste Faktor für die Effektivität des Teams war die psychologische Sicherheit. Nur das.

Psychologische Sicherheit.

Die Lösung aller Büroprobleme!

Liebe Chefs, schreiben Sie sich das hinter die Ohren!

Was für eine bahnbrechende Erkenntnis!

Auch die Harvard-Professorin Amy C. Edmondson beschäftigt sich schon lang mit der »psychologischen Sicherheit« von Mitarbeitern und den Folgen. Denn die Scham führt zur Ohnmacht und die wiederum dazu, vielleicht auch an der entscheidenden Stelle nicht den Mund aufzumachen. Was passiert der Krankenschwester, die sich über die Medikamentendosis eines Patienten wundert, aber sich schon so oft einen Rüffel eingehandelt hat bei der Oberschwester, dass sie lieber schweigt?

Oder der junge Pilot, der von seinem Kapitän immer so gehänselt wird, weil der selbst große Probleme mit seiner eigenen Scham hat, sodass sich der Anfänger nicht traut, dem alten Hasen zu widersprechen, obwohl dieser betrunken im Cockpit erscheint?[35]

Weitreichende Fehlentscheidungen könnten vermieden werden, wenn Mitarbeiter nicht in einem Umfeld von Schuld und Scham arbeiten würden. De facto aber sieht es anders aus. Das Marktforschungsunternehmen Gallup veröffentlicht alljährlich den »Engagement Index«, eine Studie, die zeigt, wie es um die Bindung der Mitarbeiter zum Unternehmen, die Motivation der Angestellten, das Verhältnis zwischen Chefs und Untergebenen bestellt ist und wie sich das auf die Produktivität auswirkt. Für die aktuelle Studie wurden 1413 Arbeitnehmer befragt.

Die Ergebnisse sind erschreckend. Nur 15 Prozent der Mitarbeiter waren mit Leidenschaft bei der Arbeit, was bedeutet: In einem Team von zehn Leuten gehen gerade mal zwei Menschen mit Herz und Verstand ans Werk – der Rest fliegt lieber unterm Radar. 70 Prozent der Beschäftigten waren emotional »gering gebunden« und verrichteten nur noch Dienst nach Vorschrift. Denn wer innerlich bereits gekündigt hat, der zeigt auch die dafür typischen Symptome: Er arbeitet unzuverlässig, fehlt häufig und redet auch im Umfeld schlecht über seinen Arbeitgeber.

Der aktuelle »Engagement Index« zeigt auch, was Amy C. Edmondson umtreibt und Ergebnis der Aristoteles-Studie war: psychologische Sicherheit! Jeder dritte Mitarbeiter in Deutschland hat in den vergangenen zwölf Monaten gegenüber seinem Vorgesetzten mindestens einmal schwerste Bedenken NICHT geäußert. Von den Mitarbeitern ohne emotionale Bindung schwieg sogar fast jeder Zweite (45 Prozent). Mag das nun am Umfeld oder einfach an der mangelnden Motivation liegen – dramatisch ist das für die Unternehmen allemal.

Der Schaden lässt sich auch in harten Euro beziffern: »Hätten sie gute Führungskräfte, würden deutsche Unternehmen 105 Milliarden mehr Gewinn im Jahr machen. Stattdessen leisten sie sich Manager, die den Mitarbeitern die Arbeitsfreude vergällen.«[36]

Doch was bringt Freude am Arbeitsplatz, was macht ein starkes, effizientes Team aus, in dem die Mitarbeiter sich engagieren und für das sie gern zur Arbeit gehen? In den absolut herausragenden Teams fanden die Google-Forscher immer wieder die gleichen Themen und legten die fünf häufigsten als Effektivitätssäulen fest.

1. Psychologische Sicherheit
   Der Parameter psychologische Sicherheit beschreibt, wie sicher sich die einzelnen Teammitglieder damit fühlen, ein zwischenmenschliches Risiko einzugehen. Fühlen sie sich eher unsicher, fürchten sie, bei Nachfragen und Einsprüchen als ignorant, inkompetent oder negativ empfunden zu werden. In einem Team mit hoher psychologischer Sicherheit können sie selbstsicher alles äußern, ohne befürchten zu müssen, von den anderen Teammitgliedern be- oder verurteilt zu werden. Im Klartext bedeutet das: Niemand muss sich schämen.
2. Zuverlässigkeit
   In zuverlässigen Teams erledigen die Mitglieder ihre Arbeit pünktlich und drücken sich nicht vor Verantwortung.
3. Struktur und Übersichtlichkeit
   Die einzelnen Teammitglieder sollten sich im Klaren darüber sein, welche Erwartungen an sie gestellt werden, wie sie diese erfüllen können und auch an welchen kurz- und langfristigen Zielen das Team arbeitet. Hierüber muss im Team und auf den Hierarchieebenen Transparenz herrschen! Wer nicht weiß, welche Erwartungen er erfüllen soll, lebt beständig in Unsicherheit.
4. Sinn
   Für die Teameffektivität bedeutsam ist auch, ob die Mitglieder eine Sinnhaftigkeit in ihrer Arbeit selbst oder deren Resultat sehen.
5. Einfluss/Effekt
   Die Ergebnisse der eigenen Arbeit und dass diese einen Beitrag zum Erfolg des Unternehmens beitragen, muss von allen respektiert und wahrgenommen werden.[37]

Wenn also eines der erfolgreichsten Unternehmen der Welt feststellt, dass eben genau diese psychologische Sicherheit den größten Erfolg bringt, wieso stellen Chefs dann ihre Mitarbeiter teilweise immer noch an den Pranger und führen Schulnotensysteme ein?

Wo es die gigantische Studie doch bewiesen hat: Am besten performt der, der tief in seinem Inneren davon überzeugt ist, dass er auch bei einem Fehler nicht bestraft wird, sich also nicht schämen muss, und bestimmt nicht der, der mit einem Mangelhaft bewertet wird! Die Vermeidung von Scham spielt also auch in unserem Arbeitsumfeld eine entscheidende Rolle. In einer Zeit, in der etwa 75 Prozent eines Arbeitstages aus Kommunikation mit Kollegen besteht, müssen sich die Mitarbeiter sicher sein, dass sie sich in ihrer Umgebung frei und unbeschämt äußern dürfen. Jedes Mitglied muss sich ermutigt fühlen, sich in die Gruppe einzubringen, egal warum und womit. Wenn Mitglieder eines Teams sich nicht trauen, Risiken einzugehen oder »outside the box« zu denken, weil die Scham vor einer Blamage zu groß ist, schneidet das Team insgesamt also schlechter ab.

Doch warum ist diese psychologische Sicherheit so entscheidend für den Erfolg? Da kommt wieder die Hirnforschung ins Spiel: Unser Gehirn verarbeitet eine Provokation durch einen Chef, einen konkurrierenden Mitarbeiter oder einen boshaften Untergebenen wie eine wirklich existenzielle Bedrohung und schaltet in den Kampf-oder-Flucht-Modus. Analog zu der Zeit, als wir wirklich noch vor Mammuts wegrennen mussten, wenn wir keinen passenden Speer dabeihatten. Da macht unsere Amygdala, genannt auch die »Alarmglocke des Gehirns«, keinen Unterschied zwischen wilden Tieren und übergriffigen Kollegen. Diese Vorgänge setzen aber dummerweise dem analytischen und rationalen Denken ein jähes Ende. Wir verlieren unseren Verstand genau dann, wenn wir ihn am meisten brauchen.

»Wir verlieren unseren Verstand genau dann, wenn wir ihn am meisten brauchen.«

Wenn aber psychologische Sicherheit herrscht, also der Arbeitsplatz nicht bedroht ist, steigt der Oxytocinspiegel im Gehirn an, was Vertrauen und (genauso wichtig) Vertrauen schaffendes Verhalten hervorruft. Kurzum: Man geht gern zur Arbeit und fühlt sich geborgen, muss sich also auch bei Fehlern nicht schämen. Das sei der entscheidende Faktor für den Erfolg eines Teams, wie Paul Santagata, Head of Industry bei Google, in einem Interview mit der Harvard Business Review bestätigt: »Im schnelllebigen und anspruchsvollen Umfeld von Google hängt unser Erfolg von der Fähigkeit ab, Risiken einzugehen und gegenüber Kollegen in positiver Weise angreifbar zu sein.«[38]

Die Studien belegen zweifellos: Wer keine Angst haben muss, sich zu schämen, erlebt im Job nicht nur mehr Zufriedenheit, sondern auch größeren Erfolg. Diese Sicherheit zuzulassen macht aber schwachen Führungskräften Angst. Verlieren Sie dann nicht die Kontrolle? Die Antwort lautet klar: NEIN!

Wie in vielen Bereichen heißt der Schlüssel auch hier: Diversity ist Trumpf. Ich habe bei meinen Recherchen festgestellt, dass die meisten Menschen immer noch Gutes für alle wollen. In Christinas Team wurde auch aufbegehrt gegen das Schulnotensystem, manche weigerten sich mitzumachen, obwohl sie Repressalien fürchten mussten.

Was aber tun, wenn Sie in keiner guten Umgebung arbeiten und der Chef eher nervt, die großspurigen Vertriebskollegen Ihnen über den Mund fahren und Sie in Meetings das Verlangen haben, im Boden zu versinken, anstatt Ihren durchaus konstruktiven Vorschlag einzubringen? Was tun, wenn sich vor einem Meeting der Herzschlag erhöht, die Hände schweißnass werden und man dann doch wieder lieber schweigt, als sich die Häme der Kollegen anzutun – und sich am Ende schämt, weil man wieder nicht den Mund aufgemacht hat. Herzlich willkommen im Teufelskreis der destruktiven Scham im Büro!

Grundsätzlich sollte niemand in einem solchen Umfeld arbeiten, deshalb wäre mein erster Rat: Suchen Sie sich ein besseres Team!

Falls sich das aber nicht sofort realisieren lässt – und so ist es leider in den meisten Fällen –, sind hier einige Tipps von Paul Santagata, dem bereits angesprochenen Head of Industry bei Google, wie Sie selbst mehr psychologische Sicherheit in Ihrer Umgebung herstellen können. Hier kommt die Lösung aller Büroprobleme:

1. Das »Genau-wie-ich«-Prinzip. Denken Sie daran: Ihr Gegenüber mag auf den ersten Blick ein Idiot sein, aber sie oder er hat Überzeugungen, Perspektiven und Meinungen – genau wie ich. Sie oder er hat Hoffnungen, Ängste und Schwachstellen – genau wie ich. Sie oder er hat Freunde, Familie und vielleicht Kinder, die sie oder ihn lieben – genau wie ich. Sie oder er möchte sich respektiert, geschätzt und kompetent fühlen – genau wie ich. Sie oder er wünscht sich Frieden, Freude und Glück, genau wie ich. Mit dem »Genau-wie-ich«-Prinzip werden Sie in wenigen Wochen erstaunliche Resultate erzielen, denn Ihre Haltung wird sich verändern und dadurch auch das Feedback auf Sie. Denken Sie daran: Jeder Mensch hat recht in seinem eigenen Denk- und Angstsystem.[39]

»Jeder Mensch hat recht in seinem eigenen Denk- und Angstsystem.«

2. Sie sind der Pokal, also glänzen Sie! Keine falsche Scham! Eine gute Idee von Ihnen wird möglicherweise als Niederlage eines anderen gewertet und löst dort den Versuch aus, Gerechtigkeit wieder durch Konkurrenz, Kritik oder Loslösung herzustellen, was eine Form von erlernter Hilflosigkeit am Arbeitsplatz ist. Sie müssen sich aber nicht schämen, wenn Sie mal eine bessere Idee haben als Ihr Kollege. Sie dürfen glänzen, wann immer Sie wollen!
3. Holen Sie alle ins Boot. Fragen Sie: »Wie können wir ein für alle Seiten wünschenswertes Ergebnis erzielen?« Menschen sind grundsätzlich miteinander verbunden und daran interessiert, nicht aus der Gruppe ausgeschlossen zu werden. Betonen Sie, dass ein Resultat für die Gruppe und nicht für Einzelne gesucht wird. Achten Sie darauf, dass Sie jedes Mitglied der Gruppe abholen.

4. Antizipieren Sie die Reaktionen Ihrer Zuhörer. Wie wird Ihr Beitrag ankommen? Wer wird ihn als Angriff auf sein Ego werten und wer wird den Inhalt hören? Santagata fragt sich: »Wenn ich meinen Standpunkt auf diese Weise darlege, welche möglichen Einwände gibt es und wie würde ich auf diese Gegenargumente reagieren?« Und bleiben Sie freundlich. Freundlichkeit ist ein hohes Gut. Und dank der Spiegelneuronen wird es für Ihre Mitmenschen sehr schwer, Sie nicht freundlich zu behandeln.
5. Ersetzen Sie Schuld durch Neugierde. Wenn Sie Anlass zu Kritik haben, formulieren Sie sie um. Anstatt mit der Keule um sich zu hauen, stellen Sie einfach eine Frage. Anstatt zu sagen: »Du hast mir seit vier Tagen den Bericht nicht geliefert, den du mir versprochen hast«, fragen Sie lieber: »Du bist doch so zuverlässig, was ist denn los, dass dieser Bericht noch nicht da ist? Kann ich dich irgendwie unterstützen?«[40]

Und auch wenn bei Google sicher nicht alles Gold ist, was glänzt – der Konzern bietet seinen Mitarbeitern verschiedenste Strategien und öffnet sich dem neuen »mindful management«. Auch dass es wöchentlich 250 kostenlose Yogaklassen auf dem Campus gibt, trägt sicher zu einer besseren Stimmung bei.

Christina hat ihren Job übrigens gekündigt, und der Wechsel hat ihr sehr gut getan. In der neuen Firma stieß sie auf psychologische Sicherheit in ihrem Team, und ihre Leistungen sind besser denn je. Gerade wurde sie in den Betriebsrat gewählt. Ihre erste Rede vor der Versammlung steht bevor, doch Christina freut sich darauf. Sie bekommt bestimmt eine Bestnote. Der Maschinenbau-Patriarch hat sich mittlerweile aus dem Tagesgeschäft zurückgezogen. Die chinesischen Investoren haben ihn nach dem ersten Messetag übrigens gleich aufgefordert, das Prangerspielchen zu unterlassen. Obwohl sie des Deutschen nicht mächtig waren – die Sprache der Scham verstanden die Chinesen sofort.

DIE ÖKONOMIE DER SCHAM

Je mehr ich mich mit der Scham im Beruf beschäftigte, desto größer wurde auch mein Interesse an den wirtschaftlichen Gesichtspunkten meines Themas. Auf einer Autofahrt wurde ich durch einen Radiobericht aufmerksam auf den Wirtschaftsnobelpreisträger Richard H. Thaler. Mein Mann saß neben mir und berichtete mir gerade von einem Freund, der zehn Jahre lang seine gesamte Zeit und sein ganzes Geld in die Idee einer aufladbaren Kreditkarte fürs Internet gesteckt hatte.

»Es ging vielmehr darum, die Scham der Niederlage vermieden zu haben.«

Die gute Nachricht vom Beifahrersitz lautete: Gil hatte endlich einen Käufer für seine Firma gefunden, das Handelsblatt berichtete von einer 100-prozentigen Übernahme durch ein französisches Konsortium. Mein Mann recherchierte, wie groß noch die Anteile seines Freundes waren, und begann dabei laut zu rechnen: »Stell dir vor, er hält noch etwa 30 Prozent«, sagte er, »also bekommt er sechs Millionen.« Mir persönlich sind solche Zahlen zu abstrakt, und ich bin fest davon überzeugt, dass das ganze Schneller-höher-weiter zu gar nichts führt, freute mich aber, weil mein Mann sich freute und weil es sicherlich von Vorteil ist, einen gewissen Betrag in der Hinterhand zu haben, wenn man – so wie Gil – unbedingt einen Surfshop im Münchner Glockenbachviertel aufmachen möchte.

Besonders interessant fand ich aber, dass ein Faktor für meinen Ehemann eine ganz entscheidende Rolle spielte: nämlich die Scham vor den Eltern. »Ich freue mich auch, dass seine Eltern ihn nicht mehr tadeln können, denn er hat ja in keinster Weise versagt. Es war nicht alles umsonst in den letzten zehn Jahren.« Ich weiß nicht, ob mein Mann eher für sich oder für seinen Freund sprach, aber seine Empathie ließ mich letztendlich nachdenklich werden.

Hier ging es also nicht um den Erfolg ohne Kontext. Sondern vielmehr darum, die Scham der Niederlage vermieden zu haben.

Gespenstisch zeitgleich lernte ich von Richard H. Thaler etwas über Verhaltensökonomie und Verlustvermeidung. Ich wurde hellhörig. Wie viel Schamvermeidung steckt in unseren Entscheidungen? Warum reagieren wir mit sogenanntem Misbehaving, wie es Thaler nennt, also irrationalen Handlungen, wenn es um konkrete Fragen der Ökonomie geht? Thaler spricht von sogenannten mentalen Konten: Wie wir mit einem speziellen Wert umgehen, hängt von unserer inneren Einstellung dazu ab.

1980 wurde der sogenannte Besitztumseffekt in dem Artikel »Toward a Positive Theory of Consumer Choice« erstmals erwähnt. Jetzt, fast 40 Jahre später, ist eines seiner Beispiele immer noch aktuell – der Mensch hat sich ja seitdem nicht verändert. Thaler beschrieb, wie ein Professor Ende der 50er-Jahre einige gute Flaschen Wein für je fünf Dollar kaufte. Etliche Jahre später will ihm sein Weinhändler die Flaschen abkaufen – für 100 Dollar die Flasche. Der Professor, ein Weinliebhaber, lehnt den Verkauf ab, obwohl er nur fünf Dollar pro Flasche bezahlt hat.[41] Sein Besitz ist ihm mehr wert. Thaler schlussfolgerte, dass es sich bei diesem ungewöhnlichen Verhalten nicht um Zufall, sondern um einen genuinen Effekt handeln muss, dem er die Bezeichnung Besitztumseffekt (endowment effect) gab. Bedeutet: Was ich besitze, hat für mich einen irrational hohen Wert.

»Was ich besitze, hat für mich einen irrational hohen Wert.«

Thaler war auch ein Fan der kurz zuvor von Daniel Kahneman und Amos Tversky veröffentlichten »Prospect Theory«.[42] Nach dieser Theorie wird der Nutzen eines Vermögenszustands nicht nur durch den Vermögenszustand selbst, sondern auch in Relation zu einem Referenzpunkt, dem Status quo, bestimmt.[43] Der Mensch ist, wie bereits erwähnt, ein Schnäppchenjäger, ein Preisvergleicher und will auf keinen Fall Verluste machen! Die Theorie besagt, dass Verschlechterungen im Vergleich zum Status quo als Verluste interpretiert werden – und das wiegt stärker als Gewinne. Beim Wein bedeutet das: Der Eigentümer interpretiert den Verkauf der Flaschen als Verlust. Da Verluste stärker empfunden werden als Gewinne, bewertet er die Einbußen durch den Verkauf höher als einen finanziellen Gewinn durch das Geld. Alles also eine Frage des Blickwinkels. Sowohl Richard H. Thaler als auch Daniel Kahneman gewannen beide den Wirtschaftsnobelpreis (Thaler 2017, Kahneman 2002) für ihre Forschungen zur Verhaltensökonomie, die natürlich deutlich umfassender waren als die beiden eben genannten Beispiele.

Die »Verlustaversion« hatte es mir aber sofort angetan. Warum wiegt der Verlust schwerer als der Gewinn? Auch da gelangte ich zu der Annahme, dass dies mit dem Thema Scham zusammenhängen könnte. Wie bei Gil kam es eben den meisten Menschen mehr darauf an, NICHT zu verlieren, KEINE Verluste zu machen. Björn Borg, einer der erfolgreichsten Tennisspieler aller Zeiten, der fünfmal hintereinander Wimbledon gewann, beendete seine Karriere schon im für Tennisprofis zarten Alter von 26 Jahren. Er gewann 64 Turniere, darunter waren elf Grand-Slam-Titel. Doch für ihn wurden die Niederlagen psychologisch zu teuer, wogen schwerer als die gewonnenen Matches, also hörte er auf, Tennis zu spielen.

Auch vor der großen Finanzkrise spielte die Scham eine unterschätzte Rolle. Lehman Brothers verschob ein Jahr vor der Pleite riskante Investitionen auf einen kleineren Finanzdienstleister namens Hudson Castle (an dem Lehman Brothers mit 25 Prozent beteiligt war), um sie aus den Büchern verschwinden zu lassen. Eine Strategie, um lieber ein anderes Unternehmen zu beschämen.[44] Dringliche Entscheidungen wurden aus Gründen der Scham vor Bloßstellung (und schlussendlich natürlich rechtlichen Konsequenzen) lieber verschoben – das Ende ist bekannt.

»Wo Scham waltet, ist auch der Boden für Betrug bereitet.«

Wo Scham waltet, ist auch der Boden für Betrug bereitet. Die Verlustaversion steuert viele wirtschaftliche Entscheidungen, sie lässt uns also nicht wirklich die für uns optimalen, sondern eher die schambehafteten Entscheidungen treffen. Ich vermeide Verluste, also vermeide ich Scham.

Darum ging es auch Dan Ariely, dem US-Verhaltensökonomen von der renommierten Duke University in North Carolina.

Er teilte Studenten in seinem Labor in zwei Gruppen auf und ließ sie jeweils 20 Rechentests lösen. Für jede richtig gelöste Aufgabe gab es zehn Dollar. Der Unterschied zwischen den Gruppen: Die erste wurde korrigiert und kontrolliert, die zweite nicht. Die Probanden durften ihre Lösungen zerreißen und selbst berichten, für wie viele gelöste Aufgaben sie bezahlt werden sollten.

In der ersten Gruppe konnten die Studenten im Durchschnitt vier Aufgaben richtig lösen. Die in Versuchung geführten Teilnehmer gaben »im Durchschnitt an, sechs Aufgaben gelöst zu haben. Zwei mehr als die Studenten in der anderen Gruppe im Schnitt tatsächlich gelöst hatten, aber weit weniger als die möglichen 20 Aufgaben. Weil sie nicht unglaubwürdig wirken wollten? Eher nicht: Selbst wenn die Versuchsleiter vorher erklärten, dass bisherige Probanden im Durchschnitt zehn Aufgaben gelöst hätten, wurde nicht mehr gelogen. ›Wir betrügen genau so viel, wie wir mit unserem Selbstbild als einigermaßen ehrliche Menschen vereinbaren können‹, sagt Ariely (...) ›Es geht weniger um Strafe als um Scham vor sich selbst‹ (...).«[45] Aber auch da wirkt ein schleichender Prozess: Wer einmal durchkommt, hat das nächste Mal weniger Skrupel.

Eine weitere wichtige Komponente in der Entscheidungsfindung steckt hinter dem Weber-Fechner-Gesetz. Es besagt, dass der gerade noch wahrnehmbare Unterschied bei jeder Variablen proportional zur Stärke dieser Variablen ist. Man spricht in der Psychologie von der JND, der »Just Noticeable Difference«[46].

Ich zum Beispiel bin Mitglied im Deutschland-Beirat von Right To Play, einer internationalen Hilfsorganisation. In diesem Jahr haben zwei Förderer der Organisation eine sogenannte Open-House-Veranstaltung gemacht. Eine nicht unvermögende Frau trommelte an einem Abend unter ihren Freunden rund 13.000 Euro zusammen. Was für eine Summe! Hut ab! Und es fiel ihr nicht leicht, die Anwesenden um Geld zu bitten.

Der andere Gastgeber war ein Private-Equity-Profi, der »einige Freunde, denen es finanziell nicht schlechtgeht«, eingeladen hatte. Er hatte bereits vorab eine große Spendenzusage bekommen, sodass er sicher sein konnte, dass der Abend ein Erfolg würde. Um den Druck unter den ohnehin stark wettbewerbsorientierten Gästen der gleichen Branche zu erhöhen, schrieb er die erste Spende groß auf eine Tafel.

10.000 Euro.

Dann hielt der CEO von Right To Play, Kevin Frey, einen Vortrag, der noch mal die Geldbeutel öffnete. Der nächste Betrag erschien auf der Tafel:

20.000 Euro.

Und wieder der nächste.

30.000 Euro.

Der Gastgeber fragte, wer denn die Beträge addiert hätte, worauf der dritte Spender sagte: »Nein, ich habe nicht addiert, wir geben 30.000 Euro.«

Wow.

Am Ende des Abends waren über 90.000 Euro zusammengekommen, und bei der nächsten Beiratssitzung konnte ich nicht umhin, zu applaudieren und zu sagen: »Hier funktioniert das Schamprinzip dann zum Guten.« Keiner widersprach. Für die Anwesenden war es aber eine »Just Noticeable Difference« in Proportion zu ihrem Gesamtvermögen.

Um tiefer in das Thema Scham und Ökonomie einzusteigen, fragte ich bei einem bekannten Professor zum Thema Konsumentenverhalten. Doch auch da die Rückmeldung: Scham habe keinen ökonomischen Bezug.

Da widersetzte sich etwas in mir. Ich kannte so viele, die maßlos konsumierten – eben aus Scham heraus. Sei es maßloses Essen, sei es maßloses Shopping, all das entspringt doch unserem klassischen Seelensumpf! Aus dem Gefühl der Unzulänglichkeit heraus, der Scham über das Selbst, wird sich runtergehungert (wenn's denn klappt), perfektioniert, ein Hermès-Gürtel umgeschnallt. Um ja die wahre Herkunft zu verschleiern, wird sich aufgestrapst und angemalt. Warum sollte das nichts mit Ökonomie zu tun haben? Die Scham, so war ich sicher, hat unglaublich viel mit Konsumentenverhalten zu tun!

Kahneman hat ja mit seiner »Wissenschaft des Irrtums« aufgezeigt, dass wir keinesfalls rational handeln, geschweige denn konsumieren. Die wenigen Studien über Scham und ihre Auswirkungen auf Entscheidungen zeigen, dass Menschen mit höherem Selbstwert auf Scham eher mit Attacke reagieren, während Personen mit geringerem Selbstwert meistens den Rückzug antreten.[47] Aber kommt die besprochene »Verlustaversion« nicht klar von der Scham?

Eine Studie aus dem Jahr 2015 macht klar, dass 43 Prozent der Deutschen Schulden mit Scham verbinden.[48] Experten beklagen, dass Menschen mit Schulden sich verstecken und ihr Problem sich dadurch nur noch verschlimmert. Mittlerweile gibt es sogar eine Selbsthilfegruppe »Anonyme Insolvenzler«, denn die Scham über finanzielle Probleme steht den meisten Betroffenen im Weg.

Fasst man die Ansätze der Verhaltensökonomie, die Abkehr vom Homo oeconomicus, der immer rational zu seinem Nutzen handelt, zusammen, so muss ich feststellen: Die Scham spielt im Konsumverhalten der Menschen eine weit unterschätzte Rolle. Vielleicht möchte sich niemand damit beschäftigen, weil die Scham auch unangenehme Gefühle bei den Wissenschaftlern weckt. Klar ist auf jeden Fall: Die Scham dient einerseits als innerer Kompass, andererseits beeinflusst sie unser Kaufverhalten und verhindert oftmals frühzeitige Kontrolle bei Verlusten.

»Die Scham spielt im Konsumverhalten der Menschen eine weit unterschätzte Rolle.«

Denn wer erst einmal in der Schulden-Schamfalle sitzt, kommt genau deswegen viel schwerer heraus. Sollten sich finanzielle Probleme anbahnen, zögern Sie bitte keinesfalls, sich Hilfe zu holen! Die Scham davor, mit anderen zu sprechen, hat schon zu weit größeren Verlusten geführt. Allerdings gebe ich es aus eigener Erfahrung zu: Allein über die Dinge zu sprechen, für die man sich schämt, fällt unglaublich schwer. Aber denken Sie daran, die Scham ist wie ein Vampir: Sie gedeiht nur im Dunkeln. Sobald man sie ans Tageslicht zerrt, zerfällt sie zu Asche, und der Weg ist frei.

WEGE AUS DER SCHAM

DIE REISEHELFER

Wer sich auf eine Reise ins Innere der Scham begibt, benötigt vor allem Ausdauer und zuverlässige Unterstützung. Ohne Team geht es nicht. Meine erste Reisehelferin, vielleicht die wichtigste Person auf diesem Trip, war eine zarte, kluge, schöne Frau namens Annelie. Bei einem gemeinsamen Abendessen wurden wir einander vorgestellt. Als Erstes platzierte sie ihren Ehemann neben mich und sagte: »Darf sich Uli zu dir setzen? Er redet so gern über Fußball, und da bist du doch die Richtige.«

Ich wurde sofort rot. Ich war immer vor Eifersucht fast zerplatzt und war nun höchst beschämt angesichts solcher Großzügigkeit. Ihr Mann entpuppte sich als Dr. Ulrich Bauhofer, Ayurveda-Koryphäe, Lehrer für Transzendentale Meditation – und eben riesiger Fußballfan. Später sollte er dafür sorgen, dass ganze Fußballmannschaften zu meditieren begannen. Und ich natürlich auch, aber dazu mehr im Verlauf dieses Buches.

Annelie spürte instinktiv, dass mit mir etwas nicht stimmte, und die beiden nahmen sich meiner an. Warum, weiß ich bis heute nicht, aber sie betonen immer, man müsse grundsätzlich helfen. Zunächst stellten sie mich Jens Corssen vor, der früher als Therapeut gearbeitet und mehrere Bücher veröffentlicht hat und sich mir zuwandte. Glücklicherweise traf ich auch in ihm auf einen großen Fußballfan, sodass wir bei unseren Treffen noch andere Themen hatten.

Was mir damals noch überhaupt nicht klar war: dass meine Probleme mit dem Gefühl der Scham zusammenhingen! Die Situation gestaltete sich zu diesem Zeitpunkt sehr unschön. Mein Hund lag im Sterben, mein Freund hatte sich gerade zum x-ten Mal von mir getrennt, und auch beruflich wurde mein Leben immer mehr zur Einbahnstraße. Ich hatte das Gefühl, als würde mich das Leben in die Knie zwingen, und ich wehrte mich mit Händen und Füßen dagegen, nicht wissend, dass der Widerstand alles nur noch tausendfach schlimmer machte.

Die erste, vierstündige Coaching-Session werde ich niemals vergessen. Wir trafen uns in einem schicken Büro an der Münchener Maximilianstraße, und er lieferte mir in knappen Worten seine Analyse. Jens Corssen, über 70, lässt immer noch den Schalk in den Augen aufblitzen wie ein 20-Jähriger. Seine überaus vitale Ausstrahlung imponierte mir. Da war wieder jemand, der den Schlüssel gefunden hatte.

Genau wie Uli und Annelie. Das waren, und solche Leute hatte ich noch nicht oft kennengelernt, wirklich glückliche Menschen. Bewusst, heiter, offen, herzlich, großzügig. Nie beschwerten sie sich, nie fiel ein böses Wort. Ich wusste noch nicht, wie, aber ich fühlte wieder: Hier geht es lang. Da öffnete sich mein Weg. Er sollte noch ein weiter werden, aber zumindest war ich mir sicher, dass ich mich auf dem richtigen befand. Noch gab es kein Licht, aber ich hatte schon mal den Eingang des Tunnels gefunden.

Drei Wörter blieben nach den vier Stunden bei Corssen als wichtigste Essenz:

1. Dankbarkeit
2. Selbstliebe
3. Bewusstheit

»Das ist alles, was du brauchst«, sagte Jens mit seiner tiefen, wohltuenden Stimme. »Die Arbeit, das Anhäufen, sind größtenteils vom Ego bestimmt, dienen der Anerkennung und der Sicherheit. Damit kann man ja weitermachen, aber wichtig für dich sind Dankbarkeit, Selbstliebe und Bewusstheit.«

Etwas in mir sträubte sich. Dankbarkeit? Wofür sollte ich denn gerade dankbar sein? Es brach doch alles auseinander, ich war allein, mein Hund würde bald sterben, meine Beziehung war schon so gut wie tot, und ich befand mich im Expressmodus in Richtung Depression.

Selbstliebe gut und schön, aber damit haderte ich ja schon mein ganzes Leben, wo sollte die denn plötzlich herkommen?

Und Bewusstheit? Am liebsten hätte ich alles verdrängt und ganz sicher nicht bewusst gespürt.

Jens bemerkte natürlich meine Zweifel und sagte: »Es geht primär darum, die Reaktionen auf das Außen zu verändern. Es gibt ein wunderbares Gedicht namens ›Selige Sehnsucht‹, da beschreibt Goethe den Kreislauf des Lebens im letzten Vers sehr gut:

Und so lang du das nicht hast,
Dieses: Stirb und werde!
Bist du nur ein trüber Gast
Auf der dunklen Erde.«

Und auch wenn ich noch nicht so weit war, so begriff ein Teil von mir: Das Pendel würde immer wieder ausschlagen zwischen dem ewigen Stirb und Werde. Manchmal bist du der Hund, manchmal der Baum. Es ging um die Haltung den Lebensumständen gegenüber, nicht um die Lebensumstände an sich!

Mein Tipp: Suchen Sie sich Reisehelfer raus aus dem Seelensumpf. Scheuen Sie nicht die direkte Konfrontation mit den Themen, die Ihre Scham immer wieder triggern. Achten Sie darauf, wie oft Sie Ihre Themen ansprechen, und prüfen Sie, inwieweit Sie sich selbst möglicherweise dadurch bestrafen. Wir wollen die gelernten, störenden neuronalen Verknüpfungen nicht zu sehr verstärken. Und sollten Sie die Chance haben, einen Vortrag von Jens Corssen zu besuchen oder eines seiner Bücher zu lesen – bitte tun Sie es!

NO PAIN

2

Selbstbestrafung
erkennen und überwinden

Biegsamkeit und Nachgiebigkeit
sind die Verwalter des Lebens,
Härte und Stärke sind
die Soldaten des Todes.

LAOTSE

GIFT BLEIBT GIFT

Im Teufelsrad der Scham spielt die Selbstbestrafung eine entscheidende Rolle. Hier versagen viele Therapien, hier scheitern die Diäten, hier spielt der innere Diktator tagein, tagaus sein perfides Spiel. Besonders deutlich wird der Kreislauf von Scham und Selbstbestrafung bei Alkoholikern, wie beispielsweise im Blockbuster »A Star Is Born«. Bradley Coopers Filmcharakter bringt sich am Ende der Liebesromanze mit Lady Gaga um, weil er keinen Ausweg aus seiner Scham sieht.

Selbsthilfegruppen wie die Anonymen Alkoholiker bieten auch deshalb großen Rückhalt, weil die Menschen endlich begreifen, dass sie mit ihrer Scham nicht allein sind. Es gilt, eine sichere, schamfreie Zone zu schaffen.

Bei meiner Recherche bin ich beim Thema »Neurobiologie und Belohnungsmuster« hängen geblieben. Im nackten Überlebenskampf der früheren Jahre entwickelt, gibt uns unser Gehirn positive Rückmeldungen auf:

- Sexualität, um das Überleben der Art zu sichern.
- Nahrungsaufnahme (Zucker, Fette), um das eigene Überleben zu sichern.
- Freundlichkeit/Solidarität, um aus der Gruppe nicht ausgeschlossen zu werden und damit überleben zu können.

Außerdem regen Drogen (Alkohol, Tabak, Cannabis etc.) das Belohnungszentrum im Gehirn an, sie aktivieren dieselben Bereiche wie Sexualität oder eben die Droge der Neuzeit: Zucker (siehe

MEDS, S. 165). Und überall dort, in diesen Bereichen, tummelt sich als boshafter Gegenpol die Scham. Wir schämen uns also genau dort am ehesten, wo es ums Überleben geht. Negieren wir mit der Scham nicht die Schöpfung, das Leben an sich?

»Wir schämen uns also genau dort am ehesten, wo es ums Überleben geht.«

Wir schämen uns für unsere Sexualität, für unser Essverhalten (wenn wir beispielsweise mal wieder Kohlenhydrate nach 16 Uhr zu uns genommen haben oder aber die Mondschein-Diät nicht einhalten konnten). Wir schämen uns, sobald wir das Gruppengefüge gestört haben, und wir schämen uns ganz besonders, wenn wir viel Alkohol getrunken haben. Sei es deswegen oder wegen der Dinge, die im alkoholisierten Zustand passiert sind.

Im Zusammenhang mit Alkohol ist die Scham noch verstärkt, was an der toxischen Wirkung des Suchtmittels liegt, das zumeist auch noch zu wenig motivierenden Gedanken führt – oder wer bitte schön lag schon mal mit einem veritablen Kater nach einer durchzechten Nacht auf der Couch und dachte ausschließlich an Selbstliebe und Blümchenwiesen? In »Der kleine Prinz« von Antoine de Saint-Exupéry sagt der Alkoholiker zusammengefasst: »Ich trinke, weil ich mich schäme, und ich schäme mich, weil ich trinke.«

Wie oft hatte ich schon meine trinkfreudige Freundin Sofie am nächsten Tag am Telefon, die mich kleinlaut fragte: »War es sehr schlimm?«

»Was denn?«

»Ja habe ich mich völlig danebenbenommen? Ich schäme mich ganz schrecklich.«

»Nein, Sofie, du brauchst dir wirklich keine Sorgen zu machen. Es ist alles gut.«

Im Endeffekt war wenig gut, sie hatte abwechselnd meinen besten Freunden den ausgestreckten Mittelfinger gezeigt (doppelt!), als die sie nach Hause bringen wollten – und torkelnd kaum das Schlüsselloch gefunden. Schlimm war es aber vor allem für ihre Kinder. Sobald ich ihr helfen wollte, zog sie sich in ihr Schneckenhaus aus Alkohol und Scham zurück. Schon ihre Mutter war Alkoholikerin, und ich habe es während unserer Freundschaft nie geschafft, sie mit dem Problem zu konfrontieren. Wir tragen anscheinend alle eine große Scham in uns, wenn es um das Thema Alkohol geht.

Auch jetzt überlege ich ständig, ob ich darüber überhaupt schreiben soll. Sind wir, die wir in einer von Alkohol durchsetzten Gesellschaft groß geworden sind, wo in allen Elternhäusern regelmäßig getrunken wurde, uns überhaupt darüber bewusst, wie tief diese Scham sitzt? Wie viel wir über Alkohol wissen und ihn trotzdem konsumieren? Wie verbindend und zersetzend gleichzeitig er in der Gesellschaft wirkt und wie wir ein gutes Maß finden können, was zugegebenermaßen recht schwierig erscheint? Auch das befeuert wieder unser mieses Gefühl. Ich will hier ja eigentlich keine schlechte Laune verbreiten, aber wenn wir uns wirklich selbst lieben, dürfen wir nicht zu viel trinken. Bitte entschuldigen Sie die banale Formulierung. Aber Alkohol schadet Ihnen einfach, es ist ein Zellgift und macht nun mal krank. Je nach Menge mehr oder auch weniger. Aber Gift bleibt halt Gift.

»Wenn wir uns wirklich selbst lieben, dürfen wir nicht zu viel trinken.«

Also was tun? Keinen Tropfen mehr anrühren oder schlichtweg saufen, bis der Arzt kommt?

Für mich ist die Antwort ganz klar: Sie benötigt eine Gegenfrage. Nämlich die simpelste Form des Austritts aus dem Scham-Teufelskreis.

Wir haben vorhin das Belohnungszentrum angesprochen und die drei wichtigsten Motivationsfaktoren im Gehirn. Dort wird positiv befeuert, was das Zeug hält. Doch genau dort beginnt auch die Selbstbestrafung, die im Tarnmäntelchen der Scheinbelohnung daherkommt. Es sind nicht nur die selbstzerstörerischen Gedanken, mit denen uns der innere Diktator im Geiste tagtäglich quält. Hinzu kommen die gemeinen getarnten Helfer der Scham, die uns immer wieder zurückwerfen in den alten Kreislauf.

DIE SCHEINBELOHNER

Da gibt es einige miese Genossen, wie eben zum Beispiel den Alkohol. Bitte missverstehen Sie mich nicht, ich liebe guten Wein und trinke furchtbar gern ein Glas italienischen Rotwein mit üppiger Kirschnote. Aber ich bemühe mich, vorsichtig zu sein, denn Körper und Geist lassen sich ungern veräppeln.

Fragen Sie sich aufrichtig: Belohne oder bestrafe ich mich in diesem Augenblick?

Alkohol ist nun mal ein Zellgift. Da immer die Dosis das Gift macht, kommt es auf die Menge an. Sie wissen selbst recht genau, was noch gut für Sie ist, wenn Sie mal in sich hineinhören. Und sich fragen: Belohne ich mich jetzt wirklich, oder bestrafe ich mich eigentlich?

> ***»Belohne ich mich jetzt wirklich, oder bestrafe ich mich eigentlich?«***

Gleiches gilt für die Esserei. Wir stopfen Schokolade (Zucker) in uns hinein, um unser Belohnungszentrum zu aktivieren. Aber da spielt uns das Gehirn wieder mal einen Streich, denn die Zeiten, in denen wir um ein paar Gramm Zucker in den gepflückten Beeren kämpfen mussten, sind vorbei. Mittlerweile liegt die weltweite Zuckerproduktion bei gigantischen 175 Millionen Tonnen pro Jahr – dabei ist Zucker eine richtige Droge (mehr dazu im Kapitel MEDS, S. 165)!

Damit Sie mich nicht falsch verstehen: Essen Sie! Und zwar mit Wonne und Genuss! Alles, was Sie wollen. Aber alles, was Sie wirklich, wirklich, wirklich wollen! Und nicht, womit Sie sich nur vordergründig belohnen, damit gleich hinterrücks der Schamgeist wieder in die Vollen geht.

Es ist ein simpler Gedanke: Belohne oder bestrafe ich mich? Untergrabe ich meinen Selbstwert und befeuere die Scham, weil ich dauernd gegen meine Natur arbeite?

Wie viele Diäten sind schon am Vorabend gescheitert? Wie oft mussten wir nach Heißhungerattacken wieder schamvoll ins Bett gehen? Bei mir ging die Scham Anfang 20 so weit, dass ich nachts gegessen habe – im Halbschlaf. Tagsüber hielt ich eisern

Diät, nachts tapste ich im Halbschlaf oder sogar komplett im Schlaf an den Kühlschrank und plünderte, was noch irgendwie zu haben war. Sogar als ich bei meiner Freundin Arianna in einer WG lebte, vertilgte ich nachts ihren letzten Brocken Parmesankäse. Erst später lernte ich, dass ich mit dem »Halbschlaf-Essen«, an das ich mich oft am nächsten Morgen nur sehr schwer erinnern konnte, nicht allein war. In der Psychologie bekamen meine nächtlichen Kühlschrankausflüge sogar einen Namen: Nocturnal Sleep-Related Eating Disorder (NS-RED). Als ich erfuhr, dass auch Robbie Williams darunter litt, fühlte ich mich sofort ein wenig besser. Die Tatsache, dass die Betroffenen natürlich nicht »bewusst« handeln, tut allerdings der Scham keinen Abbruch. Dass Robbie Williams damit an die Öffentlichkeit gegangen ist, hat mir damals sehr geholfen. Endlich wusste ich: Ich bin nicht allein. Mittlerweile gehen die Wissenschaftler davon aus, dass rund 1,5 Prozent der Bevölkerung am NS-RED leiden. Wobei nicht alle schlafwandeln, es betrifft auch die Halbschlaf-Esser. Aber das nur am Rande.

Und ja, das Phänomen hat sich bei mir gelegt, ich esse nachts nur noch, wenn es mal nach einem feuchtfröhlichen Abend zu McDonald's geht. Und nein, dafür schäme ich mich nicht mehr.

Mein Vater zum Beispiel wiegt, seit ich denken kann, 79 Kilo. Er hat nie eine Diät gemacht. Er weiß, glaube ich, nicht einmal, was das ist. Er trinkt ein bis zwei Gläschen Wein am Tag, aber er hält immer Maß. Schon meine Großmutter wusste, wann sie genug hatte. Als Frau aus dem Ruhrgebiet sagte sie immer, wenn sie mit dem Essen fertig war: »Ich hab genuch«, mit einem ganz kurzen »u«. Nie musste man aufessen, nie wurde man zum Essen gedrängt.

Eines ist doch klar: Weder Überfressen noch Dauerdiäten sind gesund. Wer sich mit Cremetorte und Pommes belohnt, tut sich ebenso wenig Gutes wie der- oder diejenige, dessen Ernährungsplan nur drei grüne Smoothies am Tag vorsieht. Wir sollten uns ganz frei machen von Ernährungsplänen und Dogmen. Denn wer die eigene Schöpfung ehrt, weiß eigentlich ganz genau, was gut für ihn ist. Stellen Sie sich einfach vor, Ihre Seele (und zu dieser Theorie kommen wir noch) sitzt im Darm. Stellen Sie sich vor, Sie füttern Ihre Seele. Was würden Sie Ihr gern geben?

Wenn keine äußeren Einflüsse entscheiden, kein innerer Richter, keine Selbstjustiz, kein inneres Kind und kein Gehirn. Wie würden Sie Ihre Seele belohnen?

Mit der Kraft dieser Vorstellung lässt sich viel leichter ein gesundes Maß finden. Denn SIE sind nicht Ihr Gehirn, sondern ein unglaublich gutes Gesamtkunstwerk. Lassen Sie sich von Ihrem Gehirn nicht alles gefallen. Es will doch nur das Ego füttern, aber nicht Ihre Seele. Deshalb sollte man auch mit den »hirngesteuerten« Belohnungsaktivitäten so vorsichtig sein. Fragen Sie sich vielmehr, was Ihre Seele nährt und was Ihrer Seele guttut.

Kleiner Tipp: Bevor Sie sich das nächste Mal etwas zu essen bestellen, atmen Sie tief durch und entscheiden Sie selbst: Belohne oder bestrafe ich mich? Wenn meine Seele doch im Darm sitzt – wie kann ich ihr gerecht werden? Eine simple Frage – aber eine entscheidende Veränderung. Denn so steigen Sie bewusst aus dem Teufelskreis der Scham aus. Klasse!

FORTSCHRITTSKILLER SCHAM

Scham stellt nicht nur einen ungesunden Faktor im Jetzt dar, sie determiniert auch unsere Zukunft!

Warum?

Weil die Scham Sie im Sumpf stecken bleiben lässt. Weil sie Verbesserungen verhindert und Fortschritt killt. Wir haben uns schon in dem Kapitel damit auseinandergesetzt, in dem es um Scham und Schuld ging (siehe S. 45). Wir wollen es an dieser Stelle noch einmal vertiefen.

Die Mechanik dahinter ist ganz einfach. Scham ist ein ganzheitliches Phänomen, das in allen Lebensbereichen auftritt. In dem Moment, in dem Scham einen Menschen überflutet, nimmt er nichts anderes mehr wahr. Scham ist allumfassend, sodass die Unterscheidung zwischen falschem Verhalten und falschem Selbst nicht mehr stattfindet. Wir erinnern uns: Schuld korreliert mit einem speziellen Verhalten, Scham untergräbt das gesamte Selbst.

Was, wenn nun wirklich etwas schiefgeht?

Dann ist eine klassische Analyse kaum mehr möglich. Denn diese Form der aggressiven und destruktiven Scham, die wir in diesem Buch behandeln, lässt uns nicht wachsen. Scheitern wird niemals als Chance begriffen, sondern als Beweis: Wir können es eben nicht, wir sind mangelhaft.

»Scham ist ein ganzheitliches Phänomen, das in allen Lebensbereichen auftritt.«

Mir ist das vor allem im Sport aufgefallen (dazu später mehr im Kapitel »DYNAMIK – Wachstum als Lebenselixier«, S. 170). Früher, in meiner stark schambehafteten Zeit, war es mir gar nicht möglich, neue Sportarten zu beginnen, da ich mich viel zu sehr schämte, nicht gleich perfekt zu sein. Was, wenn ich kein Talent hätte? Wenn ich nicht gleich die Beste wäre? Die Scham spielte sofort mit.

Mit meinem Mann habe ich begonnen, Tennis zu spielen, und mir fiel auf: Ich konnte angst- und schamfrei in einen völlig neuen Prozess einsteigen – den simplen Prozess des Lernens. Ich brauchte Monate, bis die Rückhand saß, aber ohne die Scham im Nacken stellte das für mich überhaupt kein Problem dar. Im Gegenteil! Statt mich selbst fertigzumachen (»Hör auf, du kannst das nicht!«), ging ich in die Analyse. Ich sah mir Rückhand-Videos in Superzeitlupe von Serena Williams und Novak Đoković an, und plötzlich flog der Ball wie von Geisterhand übers Netz.

Was ich damit sagen möchte?

Nicht, dass ich so eine tolle Tennisspielerin bin (obwohl ich erstaunlich schnell lernen konnte), sondern dass uns die Scham den Fortschritt verwehrt, weil wir uns nicht verbessern können. Früher wäre ich einfach in Sack und Asche gegangen, hätte mich geschämt und beschlossen, dass es ohnehin keinen Sinn macht, noch einmal auf den Platz zu gehen. Ich schaffe es ja eh nicht, setzen, Sechs. Und so geht es eben Millionen von Menschen. Eine Sache nicht sofort gut zu können führt nicht in die Analyse, sondern zum sofortigen Abbruch.

Spiel, Satz und Sieg für die Scham!

Und das sogar doppelt: Ich hätte danach nicht nur NICHT Tennis spielen können, ich hätte auch noch aufgegeben. Ich stehe da als unsportliche Versagerin und die Scham lacht sich ins Fäustchen.

Stattdessen trainierte ich einfach weiter. Und mittlerweile spiele ich ganz passabel und bin auf jeden Fall sehr stolz darauf. Da uns die Angst vor dem erneuten Versagen so in Atem hält, arbeiten wir aber nicht an Verbesserungen, sondern quälen uns lieber selbst. Das ist die Natur der Scham. Aber wir wollen doch Wachstum, wir wollen doch Entwicklung! Da geht es lang! Die Scham steht uns überall im Weg, wenn wir ein glücklicheres Leben führen oder einfach nur Spaß haben wollen. Sie geißelt uns und lässt uns nicht vorwärtskommen. Deshalb müssen wir uns aus ihrem Joch befreien, sonst behindert sie uns in allen Lebenslagen.

SCHAM UND SEX

NETFLIX UND CHILLEN

Isabell, die ich in der Hunde-Tagesstätte kennenlernte, in der ich meinen Hütehund-Rüden Han Solo ab und zu abgebe, ist 35 Jahre alt und lebt als Single in München. Tagsüber arbeitet sie bei einer großen Versicherung, abends presst sie sich in einen Lackoverall und lässt sich von zahllosen Sexpartnern auspeitschen. Sie wische sie sich bei Tinder zurecht, sagt sie. Isabell hat »50 Shades of Grey« gelesen und fühlt sich endlich in ihrer Sexualität befreit: »Es bereitet mir große Lust, dem Mann darin zu gefallen.« Der eigene Schmerz wird daraufhin zur Lust. »Ich unterwerfe mich, also bin ich sexy«, sagt sie.

Stopp, denke ich. Davon habe ich zwar schon gehört, aber ist das nicht wieder eine getarnte Schamfalle? Hat das wirklich etwas mit »Freizügigkeit« und Befriedigung zu tun? Wollen Millionen von Frauen das wirklich, wirklich, wirklich?

Ich befürchte, JA! Da wäre sie also, die sexuelle neuzeitliche Befreiung. Die Formel lautet: Ich gefalle dem Mann, und das bereitet mir Lust. Hmmm. Ich bin wirklich keine Kampfemanze, aber sollte nicht der Sex an sich Spaß machen?

Ich machte mich also auf die Suche nach der Scham im Bett. Denn was wie ein Rückfall ins 18. Jahrhundert klingt, ist bittere Realität. Ich stieß auf das Buch »Das beherrschte Geschlecht« der Hamburger Psychotherapeutin Sandra Konrad. Die Autorin hat 70 Frauen verschiedenen Alters befragt, wie es in ihrem Sexleben aussieht.[49] Das Ergebnis: verstörend.

Die Jüngeren üben Blowjobs anhand von Pornos, damit ihre »Performance« von den Jungs eine gute Bewertung bekommt. Sie trennen mittlerweile feinsäuberlich zwischen Sex und Liebe. Das Codewort unter Menschen um die 20 für Sex lautet »Netflix und Chillen«. Freundschaft plus ist inzwischen sehr beliebt, bloß bitte keine echten intimen Beziehungen, wo man offen seine Verletzlichkeit zeigen müsste!

Die Mädchen agieren zwar insoweit wie die Männer, dass sie KEINE Beziehungen mehr eingehen, der Sex aber dient in erster Linie der eigenen Bestätigung. Es geht nicht um Lust oder Nähe, sondern um den Return der Scham. Ich bin gut im Bett – der Applaus der Männer ist mir wichtiger als die eigene Empfindung. Oder die Superlikes bei Tinder stimulieren die Libido mehr als die eigenen Fantasien.

Wow.

Und was steckt dahinter? Was bringt Frauen dazu, sich selbst zu verleugnen, ihren eigenen Körper nur als »Nutzobjekt« zu betrachten?

Sie ahnen es, unsere kleine gemeine Freundin, die Scham. In einem Interview mit der österreichischen Tageszeitung »Der Standard« erklärt Konrad: »Scham sitzt Frauen wirklich in den

Knochen, und Beschämung ist die stärkste Waffe patriarchaler Gesellschaften, um Frauen zu kontrollieren. Wenn sie sich nicht an die Regeln halten, sind sie entweder zu nuttig oder zu verklemmt. Viele Frauen schämen sich auch für ihren Körper, sie finden ihn hässlich oder haben keinen Bezug zu ihrer Lust.«[50]

Die jahrhundertelange Unterdrückung hat laut Konrad noch heute Folgen für die weibliche Sexualität, was sich »in einem entfremdeten Körpergefühl [zeigt]: Viele Frauen hassen ihren Körper, viele leiden unter Ess-, Libido- oder Orgasmusstörungen. Wenn die Beschämung nicht ausreicht, wird Frauen Gewalt angedroht. Im Haus, auf der Straße und im Internet. Jede zweite Frau hat sexuelle Belästigung erfahren und jede siebte Frau sexualisierte Gewalt. Laut aktuellen Schätzungen der Uno haben 73 Prozent aller Frauen schon mal Cybergewalt erfahren. Die Konsequenz ist Angst und Schweigen. Es schweigen nicht nur die Opfer, sondern die ganze Gesellschaft.«[51]

»Wenn die Beschämung nicht ausreicht, wird Frauen Gewalt angedroht.«

Wie bizarr, dass die Scham sich nun wieder eine Hintertür sucht! Das massive Interesse an Sexspielchen à la Christian Grey zeigt: Da sind wir wieder! Wer einen Blick ins Internet wagt, wird schnell erkennen: Die gesamte Pornokultur spielt mit der Unterwerfung der Frau, zahllose Portale werben mit ekelerregenden Vergewaltigungsszenen.

Her mit der alten Unterdrückung! Bloß keine Freiheiten, bloß keine Befreiung. Lieber wieder zurück ins Hamsterrad. Denn die Kehrseite der Medaille gerade bei Dominanzspielchen lautet: massive Scham im Nachgang. Und wer Pech hat, kann auch noch mit gemeinen Fotos erpresst werden. Wer möchte schon, dass die Kollegen den Knebel im Mund sehen?

Wer so viel Macht in die Hände von Männern legt, tut das aus Scham vor der eigenen wirklichen Sexualität. Statt der Lust am eigenen Körper regiert die »Lust« am Schmerz. »Mich befriedigt schon die Tatsache, dass es den Mann befriedigt«, sagt Isabell. »Mir reicht das.« Die Selbstbestrafung als Lustgewinn? Schwer vorstellbar.

Das Prädikat »gut im Bett« ist wichtiger, als sich gut im Bett zu fühlen. Kurz: Die Bewertung von außen ist wichtiger als das eigene Empfinden. Zum anderen wird die eigene Sexualisierung mit Macht verwechselt. Aus Dornröschen, die unberührt bleiben wollte, ist Tinderella geworden, die auf 1000 Hochzeiten tanzt.[52]

Dazu passt dann auch der ständige Vergleich mit anderen Körpern – lange Zeit ein rein weibliches Phänomen. Zugegeben, im Instagram-Zeitalter beginnen auch die Jungs, ihre Sixpacks zur Schau zu stellen, und auch da entsteht ein gewisser Neidfaktor, aber der musternde Seitenblick am Strand scheint uns Frauen nahezu angeboren zu sein. Möglicherweise hat auch das einen historischen Hintergrund.

Ich habe mich oft gefragt, warum sich Frauen mit der Solidarität so schwertun und am liebsten in den Wettbewerb gegeneinander ziehen, oft kein gutes Haar aneinander lassen. Dazu müssen wir einen Blick in die Geschichte werfen. In Europa tobte jahrhundertelang ein Konkurrenzkampf ohnegleichen, Frau stand immer im Wettstreit. Denn bis vor nicht allzu langer Zeit galt: Ohne Mann ist Frau nichts wert, früher konnte sie gar kaum überleben und erst recht keine Kinder versorgen. In der jungen Bundesrepublik Deutschland konnte bis 1958 ein Ehemann das Dienstverhältnis seiner Frau kündigen. Das ist gerade mal 60 Jahre her!

Im 19. Jahrhundert durfte eine ledige Frau, also eine, die den Wettstreit verloren hatte, so gut wie gar nichts. Ledige Frauen fristeten bei Verwandten ein armseliges und bis ins hohe Alter arbeitsreiches Leben. Deshalb sind die heutigen Rufe nach weiblicher Solidarität zwar gut gemeint, aber vermutlich (noch) nicht realistisch. Was sich auch in der MeToo-Debatte wieder einmal zeigt.

Die Frage lautet doch: Warum unterstützen Frauen Verhältnisse, unter denen sie selbst leiden müssen, oft sogar über Generationen hinweg?

Die MeToo-Bewegung hat zumindest deutlich mehr Offenheit und Empathie geweckt und Opfern den Gang zur Polizei erleichtert. Sie konnten ihre Scham über das Erlebte zumindest teilen. Es gibt aber durchaus auch kritische Stimmen, die sich allein mit der Opferrolle nicht zufriedengeben wollen. Sie sprechen vom Zeitalter des »Post-Patriarchats« und davon, dass die unzureichende Differenzierung der einzelnen Fälle nur wieder den Männern in die Karten spiele.

Fakt ist: Auch in der Gesetzgebung konnte man lange Zeit nicht von Gleichberechtigung sprechen, die Rechte von Frauen mussten immer wieder hart erkämpft werden. Besonders im Bereich der sexuellen Selbstbestimmung gab es Defizite: Vergewaltigung in der Ehe ist erst seit 1997 (!) strafbar. Und Grabschen erst seit 2016!

Die Scham macht natürlich beim Sex auch vor Männern nicht halt. Der Geschlechtersoziologe Rolf Pohl spricht von einem »Männlichkeitsdilemma«.[53] Aus seiner Sicht ist der Mann nirgends schwächer als in der Sexualität. »Einerseits lastet auf ihm – im Sinne hegemonialer Männlichkeit – der Druck, autonom und keinesfalls abhängig zu sein. Andererseits bemerkt er in seinem Begehren, dass er sehr wohl von Frauen abhängig ist. So ist in die Ausbildung von männlicher Sexualität eine ambivalente bis feindselige Haltung gegenüber Frauen und Weiblichkeit eingelagert.«[54] Hinzu kommt die Scham, der Weiblichkeit nichts entgegensetzen zu können, keinen Ausweg aus den Begehrlichkeiten zu finden. Pohl ergänzt: »Meine These ist die: Bei allen Formen von sexueller Gewalt wird die Frau für das Begehren bestraft, das sie im Mann auslöst.«[55]

»Bei allen Formen von sexueller Gewalt wird die Frau für das Begehren bestraft, das sie im Mann auslöst.«

Scham macht in puncto Sexualität also beiden Seiten vehement zu schaffen.

Isabell hat vor Kurzem einen Mann kennengelernt, zehn Jahre jünger als sie, der eine ernsthafte Beziehung mit ihr führen möchte. Als er sie fragte, worauf sie im Bett stehe, wusste sie einfach keine Antwort. Sie dachte daran, dass sie seit Jahren keinen Sex mehr ohne Lack, Leder, Peitschen, Handschellen, Dildos oder Pornos gehabt hatte.

Sie weiß, dass ihr Kopfkino so eingestellt ist, und sie hat keine Ahnung, wie es ohne gehen soll. Doch sie begreift langsam, dass es die Scham über ihren eigenen Körper und ihre eigenen Bedürfnisse war, die sie angetrieben hat. »Ich musste immer perfekt sein als Kind, und ich musste mich immer anpassen«, sagt sie heute. »Deswegen war diese Art von Sex für mich ein Ausweg aus meiner Scham. Da ging es ja nicht um mich oder meinen Körper, da war ich ja nur ein Objekt.« Mit Tim, dem jungen Mann, läuft es mittlerweile ganz gut. Manchmal muss er im Bett noch Befehle geben, aber letztens klappte es auch ohne Ansagen. Was für ein Gewinn.

SCHAMFALLE SOCIAL MEDIA

In dem wunderbaren Song »Affirmation« von der australischen Band Savage Garden heißt es: »I believe your parents did the best Job they knew how to do« – ich glaube, dass deine Eltern den ihnen bestmöglichen Job gemacht haben – und direkt weiter: »I believe that Beauty Magazines promote low self esteem« – übersetzt: Ich glaube, dass Beauty-Magazine zum schlechten Selbstwertgefühl beitragen. Diesen Satz hätte ich auch damals schon sofort unterschrieben.

Was Savage Garden aber im Jahr 1999 noch nicht wussten: Die Frauenzeitschriften, deren Botschaft schon immer lautete »Sei gefälligst anders!«, sollten wenig später noch mal getoppt werden von den ultimativen Schamfallen des Jetzt: den Social-Media-Kanälen. Man könnte auch sagen: den Lebensvergleichs-Portalen mit Eintrittskarte ins Unglück.

Mich zum Beispiel blitzt jeden Morgen eine bildschöne Jennifer Lopez an. Entweder mit einem strahlenden Lächeln in unfassbarem Weiß oder mit eiskaltem Blick und irgendwie perfektem Glanz im Gesicht an den richtigen Stellen oder eben mit ihren stahlharten Bauchmuskeln. Sofort denkt man: Mein Gott, die wird doch bald 50, oder? In Millisekunden läuft dann in meinem Gehirn ein gelerntes und erstaunlich optimiertes Selbstabwertungsprogramm ab. Sobald diese Informationen in meinem Oberstübchen einfallen, nimmt meine Laune proportional ab, während meine Scham tanzend an die Oberfläche dringt und sämtliche Prozesse beeinflusst. Ich denke nicht einfach: Wow, die sieht aber super aus. – Nein, ich vergleiche. Und ich fürchte, damit bin ich nicht allein.

Wieso sieht die so unverschämt jung aus – die ist doch älter als ich, hat aber überhaupt keine Falten, überlege ich. Dann: Die hat so viel Geld, die kann sich natürlich alles leisten. Wie kriegt man so eine krasse Kinnlinie? Ob das wohl der Vorteil des Latina-Gens ist? Oder darf ich das gar nicht denken, weil es politisch inkorrekt ist? Wie schafft sie es, jeden Tag so gut auszusehen? Und abgesehen davon: Wann hat sie bei ihrem busy Kalender überhaupt noch Zeit für Sport – der Body sieht ja aus, als wäre sie mindestens zwei Stunden täglich im Gym. Und warum habe ICH mein Programm natürlich nicht geschafft?

All das geht mir JEDES MAL durch den Kopf. Jeden Morgen.

Warum kriege ich das nicht hin?

Was stimmt mit mir nicht?

Und schon sage ich »Hello again«, liebe Scham! Ich fühle mich unzulänglich, mangelhaft. Wieder nicht gut genug. Natürlich, Sie haben völlig recht, ich kann Frau Lopez jederzeit entfolgen, aber gleichzeitig fasziniert mich der Gedanke, zumindest trendy zu sein, oder auch »lit«, wie mein Mann sagt.

Genau in diesem Gedankenkarussell bewegen wir uns, wenn es um Social Media geht. Einerseits möchten wir »dazugehören«, andererseits wird der Vergleich auf den Portalen meistens zu unseren Ungunsten ausfallen. Wer führt schon das Leben, das auf »Insta« suggeriert wird? Ich bin sicher, nicht einmal Jennifer Lopez strahlt täglich den Glamour aus, der mir in den sozialen Netzwerken entgegenscheint. Oder wie Cindy Crawford einst sagte: »Nicht einmal ich sehe aus wie Cindy Crawford, wenn ich morgens aufstehe…«

Noch viel schlimmer wird es für Jugendliche und Kinder, die nicht nur den Vergleich mit Mitschülern, sondern auch noch das sogenannte Cyber-Mobbing ertragen müssen. Dagegen sind meine innerlichen Kämpfe mit JLo und gegen die Scham ein schlechter Scherz.

Der Verein »Bündnis gegen Cybermobbing« führte im Mai 2017 die Studie »Cyberlife II« zu diesen Fragen durch. Von den 1900 befragten Kindern und Jugendlichen gaben 69 Prozent an, dass sie schon einmal online beleidigt oder beschimpft wurden. 45 Prozent berichteten über die Verbreitung von Lügen und Gerüchten über sie, ein Viertel wurde schon mal unter Druck gesetzt, erpresst oder bedroht, und 22 Prozent mussten miterleben, dass private Fotos kopiert und ohne Zustimmung andernorts veröffentlicht wurden.[56] Dass diese Schüler sich fürchterlich schämen oder sich aus Scham nicht wehren – dafür braucht man nicht einmal eine Studie, dazu reicht der gesunde Menschenverstand.

Was Social Media betrifft, so macht die Scham auch vor den Eltern nicht halt. Viele Mütter und Väter setzen sich ungern mit dem virtuellen Leben ihrer Kinder auseinander, ergab eine Studie im Auftrag der ARAG Versicherung. Nur 17 Prozent der Eltern überprüfen, was der Nachwuchs im Internet treibt. Dies hat zur Folge, dass Eltern ihre Sprösslinge allein lassen in den Untiefen des Internets. Schämen und Beschämen, ganz ungeniert geben die »Mobber« in der Studie zu, dass sie es »aus Langeweile« tun, oder weil »eben die anderen es auch machen«. In der Anonymität fällt es leichter, die anderen zu beschämen und die eigene Scham in gewaltvoller Form auszuleben.

»In der Anonymität fällt es leichter, die anderen zu beschämen.«

Cybermobbing wird auch unter Erwachsenen ein immer größeres Problem. Zwischen 2014 und 2018 stieg die Zahl der Betroffenen um 13,6 Prozent.[57] Allerdings können Erwachsene sich besser abgrenzen als Kinder und Jugendliche, für die die langzeitlichen Folgen schwer abzusehen sind. Wie sich generell das Nutzungsverhalten der Mobiltelefone auf die Menschheit auswirkt, steht noch auf einem völlig anderen Blatt. Dass es aber zur seelischen Gesundheit beitragen soll, sich andauernd selbst zu fotografieren und auf oberflächliche Likes zu warten, halte ich persönlich für absolut ausgeschlossen.

Das Geburtstagsfoto von Sängerin Selena Gomez zu ihrem 26. Geburtstag zum Beispiel bekam binnen 13 Minuten eine Million »Likes«, was einen neuen Rekord darstellte. Nirgends gibt es so viel unmittelbare und teilweise eben auch ungefilterte Reaktionen wie bei Social Media. Dennoch erscheint auch hier die Sache als zweischneidiges Schwert – denn kaum ein Teenager wird dem Vergleich mit der kleinen Amerikanerin standhalten. Mit all diesen Zahlen und vermeintlichen Vorgaben, wie das perfekte Leben aussehen soll, fällt es vor allem Jugendlichen schwer, eine eigene Identität zu finden und echtes Selbstbewusstsein zu entwickeln.

Selbst Erwachsene tun sich schwer. Meine Freundin Gesa berichtet, dass Facebook, Instagram und Co. gerade auch unter jungen Müttern für viel Unzufriedenheit sorgen. »Ich schaue mir die Fotos von anderen Kindern an, von anderen Müttern und fühle mich als Versagerin. Ich habe keine Ahnung, wie die alles unter einen Hut bekommen, perfekt aussehen, die Kinder lachen und sehen aus wie die Kids von den Royals! Die stellen ja keine Fotos von brüllenden und weinenden Blagen ins Netz.« Unter dem Hashtag #fitmom finden sich bei Instagram 19 (!) Millionen Einträge von durchtrainierten Mamis, teilweise mit, teilweise ohne ihre Kinder fotografiert. Ein Schlag ins Gesicht für die meisten, die ackerfurchentiefe Augenringe und garantiert keine Zeit fürs Gym haben!

Also warum sich die Laune ruinieren lassen? Facebook habe ich persönlich trotz immerhin 20.000 Followern so gut wie eingestellt. Mich haben die Kommentare beschämt. Kritik nehme ich gern hin, aber manchmal geht's einfach zu weit. Instagram erscheint freundlicher gewandet, dafür herrscht dort ein wirklich eklatanter Druck nach Nachschub für gute Fotos. Die »Influencer« kennen das Problem, haben aus dem Hobby gar einen Beruf gemacht, von dem manche sogar sehr gut leben können.

Ständig lachen uns perfekte Körper an, in Hülle und Fülle, es wird gephotoshoppt, was das Zeug hält, Taillen verkleinert, Füße ebenso, Nasen verschmälert (wenn's nicht der Chirurg schon erledigt hat), Augen vergrößert, Falten geglättet, zwei bis drei Filter drübergelegt – einige weibliche Bekannte erkenne ich auf »Insta« schon gar nicht mehr, weil das Bild in völliger Unschärfe ertrinkt. Es gilt: besser unscharf als faltig. Oder kennen Sie die »GoSexy«-App? Da können Sie locker zehn Kilo wegzaubern. Pro Bild! Bitte seien Sie gewiss: Seit ich die »Photoshop«-App erklärt bekommen habe, glaube ich auf Instagram überhaupt nichts und niemandem mehr.

Universitätsprofessoren streiten nun sogar darüber, ob es eine sogenannte Selfitis gibt, also einen krankhaften Drang, Selfies zu machen. 2014 bereits war die Nachricht kursiert, die American Psychiatric Association habe die Selfitis – das zwanghafte Machen und Posten von Selfies – als psychische Erkrankung anerkannt. Das stellte sich zwar als klassische Ente heraus, brachte aber dennoch Forscher der englischen Nottingham Trent University und der indischen Thiagarajar School of Management auf den Plan. Sie untersuchten die Selfie-Gewohnheiten von 400 jungen Inderinnen und Indern und bestätigten: Ja, es gibt sie, die Selfitis, und das sogar in verschiedenen Abstufungen. Die Forscher kamen zu dem Schluss, dass Menschen mit Selfitis ein eher geringes Selbstbewusstsein haben und mit den Fotos von sich vor allem ihre Stellung in ihrer sozialen Gruppe verbessern wollen.

Die Frage ist doch: Sind Facebook- oder Instagram-Likes wirklich die richtige Währung?

Belohne ich mich mit diesen Likes, oder kommt hier nicht doch eher wieder die Selbstbestrafung durch? Ich tendiere zu Letzterem.

Mit Snapchat kenne ich mich überhaupt nicht aus, habe jetzt aber gelesen, dass man kleine Hybriden von sich anfertigen kann, die sich dann in Pose werfen. Das macht doch Sinn. Gesichtsfilter mit Katzennasen und Schnurrbärten habe ich noch nie ausprobiert. Jennifer Lopez hingegen schon.

Deshalb mein Tipp: Überlegen Sie sich gut, wem Sie folgen. Es gibt bei Instagram wirklich schöne und seelenvolle Accounts, zum Beispiel @thegoodquote oder der Account von Lewis Howes, einem amerikanischen Handballer, der das interessante Männerbuch »Die Masken der Männer. Warum Männer in Rollenklischees gefangen sind und wie sie daraus ausbrechen können« geschrieben hat. Lassen Sie sich nicht von tückischen Schamfallen anlocken! Und bleiben Sie ruhig ein wenig mystisch. Wir wollen die narzisstischen Selbstdarsteller ja nicht stören.

Ich habe mich übrigens letztendlich auch entschlossen, Miss Lopez wieder zu entfolgen. Nichts gegen Sie, Frau Lopez, ich mag Sie und freue mich ehrlich über Ihren tollen Erfolg, aber Ihre Bilder sind mir zu anstrengend für meinen Seelenfrieden.

SCHAMBOOSTER DENKFALLE

Noch heute beginnt die größte Bestrafung im eigenen Kopf. Wir denken. Wir denken, dass wir nicht ausreichen. Wir denken, dass wir es nicht gut gemacht haben. Wir denken und denken und denken. Und meistens nichts Gutes über uns. Negative Gedanken sind eine unaufhörliche Form der Selbstbestrafung. Nein, niemand muss sich ritzen, ein Mantra von »Du bist ein Versager« tagein, tagaus reicht auch schon für viel Leid und Schmerz. Eckhart Tolle hat uns beigebracht, dass es am besten ist, gar nichts zu denken, da sonst sofort das Ego einsetzt. Das Problem: Wir denken trotzdem und ärgern uns dann sogar über diesen Vorgang. Das Gehirn beschäftigt sich ununterbrochen mit langweiligem Schmarrn, am liebsten in eingefahrenen Bahnen. Wir wachen ja nicht morgens auf und denken etwas völlig anderes. Wir denken, was wir immer denken. Schambooster Denkfalle.

»Negative Gedanken sind eine unaufhörliche Form der Selbstbestrafung.«

Auf unseren neuronalen Autobahnen fahren wir ständig im Kreis. Ab und zu schaltet sich der Verstand ein, oder das »langsame Denken«, wie es Kahneman nennt, aber zumeist reagiert das Gehirn in erlernter Form auf erlernte Situationen. Deshalb macht es durchaus Sinn, sich einfach mal anders zu verhalten. Neues Denken entsteht vor allem durch neues Erleben. Der innere Diktator – ob er uns nun schimpft, uns verleugnet oder verängstigt – verstummt in der Regel nur dann, wenn wir Neuland betreten. Wenn Sie in Paris erstmalig auf die Mona Lisa starren, werden Sie nicht umhinkommen, ihr Lächeln zu bestaunen, da sind die zwickende Hose und der nervende Gatte völlig egal. Wenn Sie hingegen zum fünften Mal die Mona Lisa betrachten, kommen die alten Gedankenstrukturen wieder stärker zum Tragen. Egal wie viel Psychologieliteratur ich gelesen habe bei den Recherchen zu diesem Buch – immer wieder fiel mir eklatant auf, dass ein Fakt stets außer Acht gelassen wird: Das Denken lässt sich nicht durch das Denken ändern. Der Prozess bleibt gleich, manche Probleme lassen sich ein Jahr lang zerdenken, man wird niemals eine Lösung finden.

»Neues Denken entsteht vor allem durch neues Erleben.«

Als ich mit meinem Mann in der Talkshow SWR Nachtcafé war, saß uns ein Paar gegenüber, das auf unglaublich tragische Weise seine Tochter verloren hatte. Die Mutter war mit ihren zwölfjährigen Zwillingen wegen eines Reha-Aufenthalts in Prag gewesen, weil eines der Mädchen unter einer Wirbelsäulenkrankheit litt. Am letzten Tag, kurz bevor sie zu einem gemeinsamen Urlaub in Kolumbien, der Heimat der Mutter, aufbrechen wollten, planschten die Mädchen ein letztes Mal im Pool. Die eine Zwillingsschwester tauchte unter – und kam nicht wieder hoch. Nach wenigen Sekunden schrie ihre Schwester um Hilfe, die Mutter kam sofort, auch das Personal der Klinik. Doch die Kleine wurde von der Ansaugpumpe festgehalten. Quälend lange 20 Minuten dauerte es, bis sie befreit werden konnte. Nach sechs Tagen in der Klinik starb sie.

Die Eltern können ihr Unglück kaum fassen, doch sie haben ihre Scham überwunden, um anderen zu helfen. Ihre andere Tochter allerdings musste mehrere Monate in eine Klinik, da sie unter extremen posttraumatischen Belastungsstörungen litt.

Wie soll man ein solches Unglück verstehen? Wie soll man denken, um eine Lösung zu finden? Das Denken bietet keinen Ausweg, es dreht sich unaufhörlich im Kreis. Und so gestaltet es sich auch bei weit weniger dramatischen Situationen. Selbsterkenntnis sei der Weg zur Besserung, heißt es. Ich glaube, Selbsterkenntnis ist eher der Weg in den Wahnsinn, aber bei Weitem nicht in die Besserung!

Dann werden Sie DENKEN, dass Sie Ihr »Problem« verstanden hätten. In den meisten Fällen wird aber so lang gegrübelt, bis die neuronalen Vernetzungen neue Probleme, die daraus resultieren, entdeckt haben. Denn das Denken macht keinen Zwischenstopp. Es braucht immer eine Verknüpfung von A nach B, es muss Referenzpunkte finden, an denen es sich orientieren kann.

Wenn wir also in neue Situationen kommen, denken wir an die Mona Lisa, dann gibt es erst einmal keine Referenzpunkte (es sei denn, das Lächeln erinnert Sie an Ihre Mutter), dadurch fällt es unserem Gehirn schwer, die alten, ausgetretenen Jammerpfade zu betreten.

Mir hilft es, mein Denken zu überprüfen. Manchmal denke ich mir, dass ich einen Riesenmist denke, und das ist total okay. Verstehen Sie? Ich will meinen inneren Diktator gar nicht mehr bekämpfen, ich lasse ihn links liegen und füttere mein Oberstübchen mit anderen Sachen. Im schlimmsten Liebeskummer sagte meine Freundin Annelie zu mir: »Das Gute ist doch, das Gehirn kann nur eine Sache denken. Also musst du ihm jetzt ein neues Stöckchen geben.«

Das war ein schönes Bild! Mein Gehirn lässt sich gut vergleichen mit meinem kleinen Hütehund-Rüden. Impertinent, aufmüpfig, mal ängstlich, mal bockig, mal verschämt, mal furchtbar schlau. Und genauso, wie ich mir von Han Solo nicht dauernd auf der Nase rumtanzen lassen will, genauso wenig möchte ich, dass mein Gehirn allein das Steuer übernimmt.

Der innere Diktator lässt sich eben dummerweise nicht gut intellektuell stoppen. Wenn Sie das dennoch wollen, müssen Sie ein Gegengewicht schaffen. Am besten funktioniert das über die

Haltung. Fragen Sie sich: Wer wollen Sie sein? Wie wollen Sie sein? Sind Ihre Ansprüche an sich selbst und Ihre Umwelt in irgendeiner Form realistisch oder eher nicht? Sind die Ziele erfüllbar, die Sie sich gesetzt haben, oder bestrafen Sie sich schon wieder einmal?

Der wesentlichste Gegenspieler der Selbstentwertung ist die Akzeptanz. Jens Corssen würde sagen: »Was ist, ist.« Der innere Kritiker nämlich beschäftigt sich grundsätzlich am liebsten mit dem Ist-Zustand, wenn er auch noch negative Folgen für die Zukunft hat.

»Du bist zu dick, frisst zu viel und wirst noch dicker werden.«

»Du bist einfach nicht gut genug, und bald wirst du deinen Job eh verlieren.«

»Du bist alt und hässlich. Alle anderen sind jünger und wesentlich hübscher.«

Wir müssen realisieren, dass es sich hier nicht um Wahrheiten handelt! Der innere Diktator will uns ärgern, das ist sein Job. Und je mehr er erreicht, umso besser gefällt es ihm. Dann macht er erst recht weiter. Lassen Sie ihn reden. Sie werden merken, die Verhältnisse werden sich ändern, sobald Sie akzeptieren, dass es nur Ihre innere Stimme ist – aber KEINE absoluten Wahrheiten! Andere denken vermutlich völlig anders. Vielleicht leben wir ja in einer Matrix, und das alles existiert so gar nicht? Darüber schon mal nachgedacht?

DER SCHAMKÖRPER

Es war der Meister, der es auf den Punkt brachte. Eckhart Tolle, so etwas wie DER Gegenwarts-Guru schlechthin, fasziniert Millionen Menschen auf der ganzen Welt mit seiner simplen Weisheit: Physisch betrachtet, gibt es ja weder Vergangenheit noch Zukunft – sondern nur das Jetzt –, und in dieser Gegenwärtigkeit existieren keine Probleme. Probleme ergeben sich nur durch die

Illusion der Zeit und den Stress, die uns die Gedanken rund um früher Erlebtes und Sorgen um die Zukunft bereiten. Das ist die Kurzversion, wie Sie merken.

Doch wo Tolle eigentlich der größte Durchbruch gelang, war beim Thema »Schmerz«. Er beschreibt einen »Schmerzkörper«, den jeder Mensch in sich trägt und der durch das Ego aktiviert wird. Wenn er einmal »wach« ist, dann will er weiterleben (weiter aktiv sein), und dazu benötigt er, wie alle Wesen, Nahrung. Diese Nahrung zieht er wiederum aus dem Ego, das somit ebenfalls über die gesamte Zeit zum Zug kommt. Sie sitzen in der Schmerzfalle, für Ego und Schmerzkörper ist es in diesem Fall eine Win-win-Situation.

Der Schmerzkörper bezeichnet die Summe des Leidens, das wir im Lauf unseres Lebens in uns ansammeln. Er hat sich aus unseren gewohnten und ständig wiederholten Reaktionen auf dieses Leiden gebildet, vermutlich haben sich einige Informationen in den Zellen schon gespeichert. Der Schmerzkörper ist messbar, zum Beispiel durch bildgebende Verfahren in bestimmten Arealen in unserem Gehirn.

»Der Schmerzkörper bezeichnet die Summe des Leidens, das wir im Lauf unseres Lebens in uns ansammeln.«

Sie kennen das doch auch: Ein alter Triggerpunkt Ihrer Seele wird gedrückt, und prompt stecken Sie in einem alten Schmerzmuster fest. Sie streiten sich mit Ihrem Partner, weil Sie sich nicht gesehen fühlen, und plötzlich flammt alter Schmerz dazwischen, weil Sie bereits als Kind ständig übergangen wurden. Es genügt ein minimaler Anlass, und sofort reagieren wir so, wie unser Schmerzkörper schon immer reagiert hat.

Wer sich bereits als Kind einsam und verlassen gefühlt hat, wird überall Anzeichen des nächsten Verlassenwerdens wittern. Eine Freundin, die im Alter von drei Monaten in eine Pflegefamilie kam, ist auch heute noch nach drei Monaten in einer Beziehung so verängstigt, dass der neue Partner, der ja eine selbstbewusste und fröhliche Frau kennengelernt hat, die Welt nicht mehr versteht und in nicht seltenen Fällen das Weite sucht. Sie spürt, dass sie für eine sich selbst erfüllende Prophezeiung sorgt, kann es aber nicht ändern, denn sobald der Schmerzkörper wieder im Unbewussten aktiviert ist, braucht er nahrhaften und bekräftigenden Schmerz. Ein Perpetuum mobile des Leids.

Ganz ähnlich verhält es sich mit der Scham. Auch sie ruht über längere Zeit, aber sobald wir in eine Situation geraten, die uns mit dem uralten Gefühl der Unzulänglichkeit, des Versagens, der Fehlerhaftigkeit – ja schlicht des bekannten »Ich-bin-einfach-nicht-gut-genug«-Mantras verbindet, wacht der Schamkörper auf. Er schlummert manchmal so lang, dass wir sogar glauben, wir hätten unsere Scham ganz überwunden oder aufgelöst. Aber denkste! Da genügt manchmal ein Satz, eine flüchtige Bemerkung, um uns wieder ins Nichts zu befördern. Sofort schlagen die Fluten der Scham wie ein Tsunami über uns zusammen und begraben uns unter der Last uralter Gefühle. Was eben noch ein erfülltes Leben schien, verliert urplötzlich dramatisch an Wert. Der Schamkörper gewinnt die Oberhand, und es fällt uns schwer, aus diesem tiefen Seelenmorast wieder herauszuwaten.

Die Krux: Auch der Schamkörper, ist er einmal aktiviert, will nicht sofort wieder Ruhe geben. Auch er möchte weiterleben, und er ernährt sich hauptsächlich von Schuld. Die Unterschiede zwischen Scham und Schuld haben wir schon näher erläutert – Scham betrifft die ganze Persönlichkeit, Schuld nur einzelnes Handeln oder Verhalten. Dennoch saugt der Schamkörper jetzt, um weiter lebendig zu bleiben, alle Schuldgefühle in sich ein. Ein kleiner »Fehler«, eine falsche Bemerkung, ein Prozentpunkt unter der Perfektion reichen – wir kreiden uns nun ALLES, wirklich ALLES an, um ja weiter in der Scham verhaftet zu bleiben. Die Scham möchte nämlich nicht so einfach wieder in ihren Ruheraum zurück.

»Scham betrifft die ganze Persönlichkeit, Schuld nur einzelnes Handeln oder Verhalten.«

Falls sie kein Fehlverhalten findet, das sie uns ankreiden kann, so versucht sie es auf andere Weise. Dann zwingt sie uns, andere zu beschämen, um sie so am Leben zu halten. Wir lästern, ziehen über andere her und bemerken gar nicht, dass wir mit unserem Verhalten nur uns selbst und unserer Integrität schaden. Für die Scham mal wieder eine Win-win-Situation, für uns pure Quälerei. Das ist das Paradoxe: Wir glauben, die Scham zu verringern, indem wir andere beschämen – doch genau das Gegenteil ist der Fall! Wir bedienen nur den Schamkörper.

Die Scham lässt sich nicht einfach verdrängen, wenn sie uns übermannt hat. Viele versuchen, sie durch andere Mittel in Schach zu halten, zum Beispiel durch Alkohol oder große Mengen von Schokolade. Diese Strategien waren vielleicht eine Zeit lang hilfreich, irgendwann sind sie es aber nicht mehr, und gesundheitlich empfehlenswert ist das sowieso nicht. Das funktioniert ebenso wenig wie die Gegenbeschämung. Nur die Achtsamkeit und das Verzeihen der eigenen Mechanik können helfen (und natürlich die MEDS, die ich Ihnen im vierten Teil dieses Buches vorstelle).

Der Schmerz- und der Schamkörper haben noch etwas gemeinsam: Sie halten ihren »Wirt« manchmal ein ganzes Leben lang gefangen. Eine andere Freundin wurde im Alter von eineinhalb Jahren von ihrem Vater verlassen. Ihre Mutter heiratete neu. Anja hat zwei Trigger:

1. Große Verlustängste, die auftauchen, sobald sich der Angebetete nicht sofort zurückmeldet.
2. Das Thema »Ich krieg den Papa noch rum«: Sie bemüht sich also immer auch noch um verheiratete oder nicht verfügbare Männer.

Anja ist jetzt seit 15 Jahren Single, und die Prognose ist nicht günstig. Sobald sie jemanden kennenlernt, spielen Scham- und Schmerzkörper sofort verrückt.

Der Schmerzkörper ruft nach Rache. Fürs Verlassenwerden, für die Ungerechtigkeiten der Welt, der Schamkörper folgt unerbittlich nach, denn natürlich erkennen wir, als intelligente und reflektierte Wesen, die alten Muster und schämen uns im Nachgang für unsere Reaktionen. Das bedeutet: Wenn der Schmerzkörper aktiviert wird, wird es auch der Schamkörper. Umgekehrt muss das nicht der Fall sein.

Eckhart Tolle schreibt: »Wenn der Schmerzkörper Besitz von dir ergriffen hat, dann willst du immer mehr Schmerz. Du wirst zum Opfer oder zum Täter. Du willst Schmerz zufügen oder selber Schmerz erleiden oder beides. Zwischen beidem besteht kein großer Unterschied. Du bist dir dessen natürlich nicht bewusst und wirst vehement behaupten, dass du keinen Schmerz willst. Aber schau genau hin und du wirst erkennen, dass dein Denken und Handeln dazu dienen, den Schmerz am Leben zu erhalten, für dich selbst und für andere. Wärst du dir dessen wirklich bewusst, dann würde sich dieses Muster auflösen, denn es ist wahnsinnig, den Schmerz vergrößern zu wollen, und niemand entscheidet sich bewusst für den Wahnsinn.«[58]

Genau so verhält es sich mit der Scham, und wir entscheiden uns andauernd für den Wahnsinn! Und aus ebendiesem Grund müssen wir uns der Tatsache bewusst werden, dass jeder Mensch Scham empfindet und seine ureigenen Strategien zur Verdrängung entwickelt hat. Sie alle sind zwecklos, sie vergrößern nur Scham und Leid und machen auf Dauer mehr als unglücklich.

Deshalb ist es auch so wichtig, dass wir uns mit der Scham befassen, dass wir überhaupt auf sie aufmerksam und uns ihrer Existenz bewusst werden. Viele Menschen, mit denen ich im Lauf meiner Recherchen gesprochen habe, wollten sich ihrer Scham nicht stellen, weil sie zu große Angst vor der Konfrontation mit sich selbst hatten. Das wiederum führt allerdings zu keiner verbesserten Lebenssituation, und darum geht es ja: SIE sollen ein bereichertes, glückliches, erfülltes Leben genießen, denn das verdienen Sie!

Wer tief im Seelenmorast steckt und den nicht einmal wahrnehmen will, bei dem ist die Prognose eher weniger gut. Der Schamkörper lässt sich nämlich durch Nichtbeachtung nicht deaktivieren, sondern allein durch Aufmerksamkeit. Die Scham macht das sehr perfide – sie ist so unangenehm, dass man sich nicht mit ihr auseinandersetzen will, und dadurch kann sie im Seelenuntergrund weiterhin ungebremst ihr Unwesen treiben.

Wenn Sie wirklich hinschauen, hinfühlen, akzeptieren und keinen Widerstand leisten, verflüchtigt sie sich wieder. Sie braucht den inneren Widerstand, um zu wachsen. Anstatt also wegzusehen, sollten wir lieber ein Brennglas benutzen!

LEICHTE BEUTE

WANN WIR BESONDERS SCHAM-ANFÄLLIG SIND

Unlängst überfiel mich die Scham im Auto kurz vor einem Auftritt, ich war plötzlich tief drin im alten Muster und wollte nicht in die Öffentlichkeit. Selbst einem »Schamprofi« wie mir schlägt sie immer noch ein Schnippchen und manipuliert mich aufs Übelste. Sie überzieht dich mit Schmerz wie eine Schokoglasur den Gugelhupf und befeuert deine Selbstzweifel aus allen Rohren. Herbei mit dir, du altes Leid!

Drei wesentliche Faktoren haben mich in dieser Situation besonders schamanfällig gemacht:

1. Das »Das-war-doch-schon-immer-so«-Prinzip
   Die Scham sucht sich natürlich alte Muster und Situationen, in denen sie schon früher Erfolg hatte. Sie ist klug, sie weiß genau, wo sie dich packen kann. Nachdem natürlich in einer Livesituation im Stadion schon viele Fehler passiert sind, weiß sie, dass sie leichte Beute hat. Denn immerhin habe ich mich schon öfter in diesem Beruf geschämt für kleine Fauxpas, die nun einmal passieren.
2. Das Unvermeidbarkeitsprinzip
   Es ist leicht für sie, wenn ihr Wirt keine Ausweichmöglichkeiten hat. Ich konnte ja den Job nicht einfach absagen (was in anderen Fällen durchaus passiert)! Und das wollte ich natürlich auch nicht, denn mir war trotz Schamüberfall klar, dass es nichts direkt mit dem Job zu tun hatte, sondern dass hier einfach die Scham ihren Auftritt ha-

ben wollte. Dies ist leichter, wenn es keine Alternative gibt. Hätte ich den Auftritt nicht gehabt, hätte sie mich niemals in dieser Form überfallen. Wer keine Möglichkeit zur »Flucht« hat, der wird immer wieder in den »Todesmodus« schalten. Das sind unsere drei archaisch geprägten Möglichkeiten in Gefahrensituationen: fight, flight, play dead. Kampf, Flucht oder tot stellen. Wenn ich mich also tot stelle, dann wird natürlich mein Atem flacher, und ich möchte einfach nur ohnmächtig werden. Die Scham treibt ihren Träger dann unwillkürlich in eine Ecke, in der er sich wie erschlagen fühlt.

3. Das Überforderungsprinzip
Die Scham schlägt auch dann gern zu, wenn wir mit viel zu vielen Tellern jonglieren. Wer kennt das nicht? Die Frau von heute – oder auch die eierlegende Wollmilchsau: Wir sind Managerin, Künstlerin, Partnerin, Mutter, Hausfrau, beste Freundin, Sexbombe, Ratgeberin, Kummerkasten, Versorgerin, Erzieherin und, und, und. Wir halten so viele Teller in der Luft, dass wir drohen, darunter zusammenzubrechen. In derartigen Situationen müssen wir uns fragen, wem wir eigentlich einen Gefallen tun? Wir ersticken im Perfektionismus und wundern uns trotzdem, wenn die Scham uns hinterrücks niederstreckt. Jeder Mensch hat seinen ureigenen Rhythmus, und es macht überhaupt keinen Sinn, dort in irgendeinen Vergleich zu treten. Jeder schafft, was er schafft. Nicht mehr, aber auch nicht weniger. Wenn schon beim Anblick des Kalenders ein schlimmes Gefühl in der Brust entsteht, heißt es: auf die Bremse treten! Inseln schaffen, kleine Momente der Freude einbauen. Einfach das tun, was einem schon immer Spaß gemacht hat. Und das Problem der Überforderung hat nicht nur mit Scham zu tun, es kann natürlich im zweiten Schritt auch direkt in den Burn-out führen beziehungsweise zu ernsthaften psychosomatischen Folgeerkrankungen.

Kommen zum allgemeinen Stress auch noch Faktoren wie Gewichtszunahme (früher galt das als stinknormal bei über 40-jährigen Menschen, heute gilt die mädchenhafte Wespentaille bei Ü50-Frauen als »Must have« – schönen Dank, Anna Wintour!) oder Schlafmangel hinzu, gibt es bei der Scham kein Halten mehr. Warum ich das noch einmal erwähne? Weil es wichtig ist, dass Sie verstehen, wie mächtig Scham sein kann. Denn im Worst Case passiert die richtig perfide Doppelung der Scham: Ich schäme mich, weil ich mich schäme!

Oder lassen Sie es mich einmal so formulieren: Entgegen der landläufigen Meinung von Werbeleuten sowie Unternehmensberatern ist Erschöpfung KEIN Statussymbol! Mich persönlich beeindrucken geschäftliche E-Mails nach 22 Uhr überhaupt nicht. Ich denke eher, dass da jemand sich selbst und seinen Job nicht richtig organisiert bekommt oder die falschen Prioritäten setzt. Wenn man in Unternehmen nur den negativen Flurfunk und die täglichen Lästerattacken streichen würde, könnte man sicherlich allen Mitarbeitern sehr viel Zeit pro Tag wieder zurückgeben.

»Jeder schafft, was er schafft. Nicht mehr, aber auch nicht weniger.«

Gleichzeitig bestimmt natürlich unsere Persönlichkeit darüber, wer schamanfälliger ist. Der Gedanke »Ich bin nicht gut genug« allein macht vielleicht noch keine Scham, aber viele Faktoren können ihr die Türen leichter öffnen. Sei es die negative Gedankenspirale, aber auch erlernte Hilflosigkeit, Isolation, Erschöpfung oder fehlende Motivation. Wer richtig erschöpft ist, sieht sich nicht mehr in der Lage, Entscheidungen zu treffen, und wird zunehmend hilfloser, was der Scham wiederum eine große Angriffsfläche bietet. Wir können uns nur helfen, indem wir uns genügend Freiräume schaffen, und ich darf Ihnen im Verlauf des Buches noch einige weitere Tipps geben, wie Sie Ihren Alltag so gestalten, dass es am Ende befreit heißt: »No Shame!«

NO
STRINGS

3

Wie wir uns von den **Fesseln** der **Scham befreien**

Treib den Fluss nicht an,
lass ihn strömen.
LAOTSE

BAUCH ÜBER KOPF

Wenn es um Gefühle geht, so begehen wir oft einen entscheidenden Fehler. Wir versuchen, ihnen mit dem Intellekt zu begegnen. Wir öffnen beim Psychologen unseren Rucksack, packen unsere Päckchen aus, legen sie fein säuberlich auf den Tisch und besprechen sie. Dann packen wir am Ende der Session unsere Probleme wieder ein, setzen uns den Rucksack wieder auf und gehen nach Hause. Wir haben uns selbst vielleicht ein wenig besser verstanden, aber das Verständnis der Ursache von Problemen löst sich dadurch leider keineswegs.

Erst als ich mich auf meine Reise begab, fiel mir auf, dass da noch viel mehr Disziplinen existieren, die Schambetroffenen (und sind wir das nicht alle?) helfen können. Ich beschäftigte mich mit westlicher und fernöstlicher Philosophie, mit den verschiedenen Religionen, mit vedischer Astrologie (der ältesten Empirik der Menschheit), mit Zellbiologie und Epigenetik, mit Hirnforschung und Ayurveda, mit Quantenphysik und Heisenberg, ich machte Yoga und Aufstellungen, reiste wieder nach Indien, um dort Spiritualität zu erfahren, und lernte 40 Strophen in Sprachen zu rezitieren, die ich keinesfalls verstand. Ich las unzählige Bücher, doch keines barg den Schlüssel. Denn die Scham ist so individuell wie ihr Träger. Und mein Jakobsweg war deutlich länger als 800 Kilometer.

»Vertrau der Energie, sie lügt nicht.«

Annelie schickte mir gern WhatsApp-Bilder, um mich aufzuheitern. Auf einem stand: »Trust the Vibes you get. Energy doesn't lie.« Das Motto beeindruckte mich. Vertrau der Energie, sie lügt nicht. Es kam zur richtigen Zeit. Denn mir selbst konnte ich ja noch nicht vertrauen, so weit war ich noch nicht. Aber den »Good Vibes« und den »Bad Vibes« konnte ich trauen.

Auch Wissenschaftler bestätigen, dass das »Bauchgefühl« tatsächlich existiert! Denn der Darm enthält mehr Neuronen als das Rückenmark. Sie umspannen den Verdauungstrakt wie ein dünnes Netz, und dieses »zweite Gehirn« stellt nahezu ein Abbild des Kopfhirns dar, denn Zelltypus, Wirkstoffe und Rezeptoren sind exakt identisch. Der Darm produziert auch Stimmungsaufheller oder -killer – das bedeutet: Das Bauchgefühl sitzt nicht im Magen, sondern im Darm. Diese Zellen werden beim Fötus auch zuerst gebildet, was dafür spricht, dass dort unsere Intuition sitzt.

Experimente amerikanischer Neurowissenschaftler zeigen, dass sich Prozesse im Verdauungstrakt abspielen, die auch den Einfluss unseres Gehirns im Kopf immer weiter in den Hintergrund drängen. Mund, Speiseröhre und Magen stehen noch unter seinem Einfluss, wohingegen das Nervensystem im Bauch spätestens ab dem Magenausgang die Regie übernimmt. Das erklärt, warum Richter zum Beispiel nach einem guten Essen mildere Urteile sprechen. Neurowissenschaftler haben außerdem erkannt, dass das Darmhirn Nachbarorgane steuert, Muskelbewegungen und Infektabwehr koordiniert und auf Veränderungen sofort mit über 40 Nervenbotenstoffen reagiert.

Und Sie wollen Ihrem Bauchgefühl also immer noch nicht vertrauen?

Da liegt das Problem.

Der »Verstand« sollte keine Macht über Ihr Selbst haben, er versucht es nämlich zu sabotieren. Das ist seine Natur. Er liegt im Bett mit dem Ego, während Ihre Gefühle und vor allem Ihr »Bauchgefühl« Ihnen sicheres Geleit gewähren. Der Philosoph und Professor für Verhaltensphysiologie und Entwicklungsneurobiologie Gerhard Roth zeigt dies im Umkehrschluss auf: »Wie wichtig Empfindungen, Selbstreflektion und Gefühle unserem Körper sind, sieht man schon daran, dass diese seelischen Zustände – oder zumindest ihre neurobiologischen Korrelate – sehr viel Sauerstoff und Zucker verbrauchen. Das Gehirn würde für ein Nebenprodukt gar nicht so viele Ressourcen verschwenden.«[59] Anstatt des »freien Willens« lenken uns laut Roth die Instinktprogramme durch Belohnung und Strafe in Form von Gefühlen und Affekten. Wenn wir unserer Programmierung folgen, bekommen wir »gute« Gefühle wie Glück und Zufriedenheit. Handeln wir jedoch gegen unsere Instinkte, bekommen wir ein »schlechtes Gewissen«, Reue oder fühlen uns minderwertig.[60]

Wer sich schämt, bekommt keinen Zugang zu seinem wahren Ich, da er sein Selbst beständig anzweifelt. Der Kampf gegen die eigenen Instinkte aber ist wieder eine Eintrittskarte in den nächsten Teufelskreis: Wer seinem Bauch nicht traut, kann im Folgeschluss kein »Selbst-Vertrauen« entwickeln. Auf das limbische Gedächtnis zu hören ist somit zweifelsfrei die klügste Vorgehensweise überhaupt. Die Ebene des Verstandes und der Vernunft bildet sich in der Hirnentwicklung erst spät aus und erlangt nie einen gleichwertig entscheidenden Einfluss auf das Verhalten. Aus diesem Grund müssen Sie sich für Ihre Entscheidungen auch nicht schämen, seien sie gut oder schlecht. Sie müssen sich überhaupt nicht schämen. Sie sind gut so, wie Sie sind. Übungen für mehr Selbstvertrauen finden Sie im vierten Teil des Buches.

»Wer sich schämt, bekommt keinen Zugang zu seinem wahren Ich.«

DAS REINHEITSGEBOT DER SEELE

Der Philosoph Arthur Schopenhauer, mit Johann Wolfgang von Goethe gut befreundet, besaß zeitlebens einen Pudel. Immer wenn ein Pudel starb, kam ein neuer ins Haus, und sie alle trugen denselben Namen: Atman. »Atman« bedeutet Seele in den altinidischen und vorhinduistischen Schriften wie den »Upanishaden« oder der »Bhagavad Gita«. Da Schopenhauer als Anhänger des Brahmanismus galt und die »Upanishaden« als »Trost meines Lebens und Sterbens« bezeichnete, glaubte er, dass die

Einzelseele (Atman) und die Weltenseele (Brahman) aus dem gleichen Holz geschnitzt und damit alle Lebewesen im Grunde genommen wesensgleich seien. Deshalb nannte er jeden seiner Pudel »Atman«, was seinen Freund Goethe zu dem weitaus bekannteren Ausspruch inspirierte: »des Pudels Kern«. Damit war die Seele gemeint, die immer gleich bleibt, auch wenn der Pudel einen anderen Körper bekommt.

Unser Selbst, ebendieses »Atman«, ist unantastbar. Deshalb müssen wir für die Reinheit unserer Seele sorgen. »An der Seele rein bleiben«, sagt meine Freundin Annelie immer. An der Seele rein zu bleiben bedeutet, nicht beständig seine eigenen Werte zu verkaufen. Die Scham hat eine bedeutend geringere Angriffsfläche, wenn ich großen Wert darauf lege, mich selbst nicht zu kompromittieren und meine Integrität zu wahren. Da sind wir wieder bei der wichtigen Frage: Wer will ich sein?

Wir neigen dazu, unsere Seelen zuzumüllen und mit jeder amoralischen Handlung unseren Tanzbereich in die falsche Ecke zu erweitern. Ist der Ruf erst ruiniert, lebt's sich gänzlich ungeniert? Eben nicht! Wir müssen uns gemeinsam wider die Verrohung der Welt stellen. Nur weil wir es können oder dürfen oder von anderen gedrängt werden, müssen wir uns noch lang nicht kompromittieren. Sie können einzig und allein Ihren eigenen Garten wässern, deshalb sollten Sie sich auch darauf konzentrieren. Leben Sie, wie es dem Rhythmus Ihrer Seele entspricht. Entdecken Sie Ihr eigenes Zeitgefühl, lassen Sie sich nicht von der Hetze anderer anstecken.

Wer ständig in einem System zu Handlungen gezwungen wird, die nicht seinen eigenen Wertvorstellungen entsprechen, wird von der Scham gepackt werden. Wir müssen uns fragen, ob wir nicht andauernd in die Fallen der anderen laufen. Wessen Leben leben wir? Die Reinheit der eigenen Seele muss eines Ihrer obersten Gebote sein.

Und wie kann diese erreicht werden? Es gibt unterschiedliche Wege, allen voran natürlich die Meditation, der ich mich noch widmen werde. Sie dient im Grunde genommen dazu, immer wieder zu »Atman« zurückzukehren. Wir sollten wieder zu der Seele gelangen, mit der wir geboren wurden. Mahatma Gandhi sagte einst: »Ich habe erlebt, wie Kinder die Einflüsse ihres bösen Erbes erfolgreich überwunden haben. Denn Reinheit ist ein angeborenes Merkmal der Seele.«

Wir gehen oft sehr unachtsam mit ihr um und lassen die anderen in diesem wundervollen Garten herumtrampeln. Norbert Weiss, der vedische Astrologe, den Sie gleich noch näher kennenlernen werden, beschrieb das Phänomen mir gegenüber so: »Das ist, als würde ein Fünfjähriger als Türsteher in einer Rockerkneipe arbeiten. Was meinst du, was das für einen Eindruck auf die Typen macht? Gar keinen, absolut richtig, gar keinen!«

Wir lassen uns aus Scham vor unserem Selbst ganze Flächen auf unserem Seelenboden abroden, denn wir fühlen uns ertappt und wehren uns nicht einmal. Damit muss Schluss sein! Die Schamepidemie muss eingedämmt werden, damit die Seele gesunden und jeder Mensch ein zufriedenes Leben im Einklang mit seinen Werten und seiner Umgebung leben kann. Es macht durchaus Sinn, seine Aufmerksamkeit auf das Selbst, auf Atman, zu richten.

Denn dieses Selbst ist vollkommen unabhängig von der Bewertung von außen, von Ego-Fütterung und multiplen neurotisch-narzisstischen Störungen. Dieses Selbst, dieses ureigene Selbst, ist auch niemals in Gefahr. Manchmal hilft auch ein simpler Spruch: Wenn es deinen Frieden kostet, ist es zu teuer.

Was krank macht, ist falsch, wer heilt, hat recht.

Wie rein ist Ihre Seele? Wie viele Schichten und Krusten muss man abschaben, bis das Gold zum Vorschein kommt? Das Gute ist: Ihr Selbst ist immer da, das Gold steckt in Ihnen. Ihre Seele ist immer da. Sie kann strahlen wie die Sonne an einem sonnigen Frühlingstag, sie glänzt durch Ihr Antlitz, wenn Sie lachen, sie mag sich verschüttet anfühlen, aber sie ist da. Wie ein Verleger und Freund nach dem Tod des Schriftstellers Erich Kästner schrieb: »Sprechen wir nicht von Sonnenuntergang. Sprechen wir von dem, was im Italienischen ›Tramonto‹ heißt.

Die Sonne ist nicht untergegangen. Die Sonne ist über die Berge entschwunden, aber sie ist da!«[61]

Und so geschieht es auch mit unserem Selbst. Es bleibt immer da. Niemand muss einer Blume beibringen, wie sie blühen soll. Niemand muss einen Fisch zum Schwimmunterricht tragen. Und niemand muss dem Wasser erklären, wie es den Berg hinunterfließen soll. Nehmen wir uns ein Beispiel an der Natur, diesem bildschönen Orchester, das ganz mühelos spielt. Kein Baum wacht morgens auf und denkt sich: Heute wachse ich zwei Zentimeter mehr! Er strengt sich nicht an, er wächst einfach.

Wenn Sie feststellen, dass Sie Verhaltensweisen an den Tag legen, die nicht im Einklang mit Ihrer Seele stehen, wenn Sie merken, dass Sie in die falsche Richtung laufen, so macht es überhaupt keinen Sinn, sich dafür zu schämen. Die Scham wird all das nur verstärken. Leider haben wir nicht wie die ganzen technischen neuen Geräte einen Reset-Knopf oder eine spezielle Tastenkombi für den Reboot-Vorgang. Dennoch lässt sich vieles auf eine sehr einfache Formel zurückführen: Wenn es leicht geht, ist es richtig.

»Wir werden besser, wenn wir uns NICHT anstrengen!«

Bewerten Sie den Wert der Dinge nicht mehr in alter Bestrafungsmanier danach, wie viel Mühe sie gekostet haben. Die Anstrengung ist das absolut falsche Maß und Erschöpfung kein Statussymbol. Richten Sie Ihren Fokus darauf, dass Sie der Leichtigkeit folgen. Das ist die Kunst. Wir alle sind aufgewachsen mit dem Leistungs- und Anstrengungsprinzip, aber das lassen wir jetzt bitte schön bleiben. Wir werden besser, wenn wir uns NICHT anstrengen!

Stellen Sie sich das Leben als Fluss vor, auf dem Sie in einer kleinen Nussschale treiben. Ein riesiger Strom mit vielen Windungen und Verästelungen, der Sie manchmal mehr, manchmal weniger mitreißt. Wenn Sie sich nun krampfhaft dem Leben widersetzen, sprich versuchen, gegen den Strom zu paddeln, wird es Sie enorm viel Kraft kosten – und wenn die Anstrengungen vorbei sind, treibt es Sie ohnehin wieder flussabwärts. Dann können Sie doch gleich sitzen bleiben, oder?

Deshalb lautet mein Tipp: Lassen Sie sich nicht von der ganzen grauen Masse verunsichern, die sich mit riesigem Aufwand und verbitterten Gesichtern in die andere Richtung kämpft. Dies macht zwar irre Eindruck, führt aber nur zu Erschöpfung und Enttäuschung. Lassen Sie sich mitreißen vom Strom des Lebens, er bringt schon an der nächsten Biegung wieder eine völlig neue Wende. Es muss leicht gehen! Dann ist es richtig, das ist schließlich ein Naturgesetz.

DAS ERSTE AUFHORCHEN

Zwei Tage vor Heiligabend, mein Ex-Freund hatte mir wieder einmal den Laufpass gegeben (wie so oft an Weihnachten), hatte ich einen Termin bei Norbert Weiss. Berufung: vedischer Astrologe. Meine Freundin Annelie hatte mich zu ihm geschickt, und da ihre Tipps mich bislang immer weitergebracht hatten, dachte ich mir auch in diesem Fall: Schaden kann's ja nicht. Zugegeben, ich war skeptisch. Mir war nicht klar, wohin der Weg mich führen sollte. Horoskope waren mir immer sehr suspekt. Doch dann saß ich plötzlich in einem sehr schönen, unglaublich sauberen Raum am Münchner Kaiserplatz, einige indische Gottheiten beobachteten mich aus verschiedenen Winkeln des Zimmers, ein Foto eines Gurus war aufgestellt, und ein Mann mit neugierigem Blick, kleinem Pferdeschwanz und Nickelbrille servierte mir mit gekonntem Schwung eine Tasse Tee.

Er schaute mich an und begann zu reden, mit einer sehr angenehmen Stimme und ein wenig rheinischem Singsang, denn Norbert Weiss stammt ursprünglich aus Köln. Fünf Stunden lang erklärte er mir geduldig meinen »Bauplan«. Er hatte nur meinen Geburtsort und meine genaue Geburtszeit (Tag, Stunde, Minute) benötigt, um auszurechnen, in welcher kosmischen Konstellation ich auf die Welt gekommen war. Dazu verwendete er Jyotish (die Wissenschaft vom Licht), landläufig als indische

Astrologie bekannt. Sie ist das »Auge des Vedas«, des Kernstücks der indischen Hochkultur und des voraussichtlich ältesten Wissenssystems der Menschheit.

5000 Jahre konnten schlecht irren. Es war vom Mond in meinem achten Haus die Rede, von meinem schwachen Mars (weswegen mir oft die Kraft fehlte) und von den Mondknoten Rahu und Ketu, die mir das Leben zeitweise ebenso schwermachten wie Saturn. Neben sehr vielen positiven Erkenntnissen verstand ich auch ein Stück weit, warum ich mir so oft im Weg stand. Hunderte von neuen Begriffen prasselten auf mich ein, und dennoch fand ich mich überall wieder.

Zu dem Zeitpunkt torkelte ich noch ziemlich blind von einer Ecke des Lebens in die andere. Ich wehrte mich mit Händen und Füßen gegen die Realität, leistete beständig Widerstand. Das Unglaubliche aber war: Ich fühlte mich nach der ersten Sitzung, als hätte man mir eine enorme Last von den Schultern genommen.

Jetzt hatte ich es nun mal schwarz auf weiß, eingebettet in Sternzeichen und Mondhäusern: Ich war weder absolut toll noch absolut schlecht. Laut Sterne-Bauplan eine Drei plus, na, sagen wir eine Zwei. An manchen Stellen eine Eins, an anderen eine Vier. Im Durchschnitt aber passabel. Und gewiss nichts, wofür man sich schämen müsste.

Hier erklärte mir jemand meine Persönlichkeit, der mich noch nie zuvor gesehen hatte, anhand meines Geburtstags, der Geburtszeit und des Geburtsorts. Und vor allem machte er mir deutlich, dass ich keine Schuld trug an manchen Eigenschaften, die ich an mir immer im Rahmen meiner Selbstsabotage verurteilt hatte. Die gehörten zu meinem kosmischen Bauplan! Für einen Menschen, der sich andauernd für sein Selbst schämt, schon eine sehr erleichternde Entwicklung. Für meinen Geburtsort und die Geburtszeit konnte ich ja schließlich nichts! Allen neurotischen Selbstoptimierern, die andauernd glauben, alles an sich perfektionieren zu können, sei gesagt: Geht mal zu einem vedischen Astrologen, das wird euch entspannen. Wer erkennt, warum er so ist, wie er ist, und so handelt, wie er handelt, hat schon viel gewonnen. Vor allem kann er seinen Kontrollwahn aufgeben, denn die Konditionen seiner Geburt kann er nicht mehr ändern.

Dort, in diesem Zimmer, glaube ich heute, befand sich ein weiteres Puzzleteil zu dem größeren Bild, das sich später offenbaren sollte. Hier entschied ich, nach Indien zu reisen und meinem eigenen Weg zu folgen. Hier überwand ich meine Furcht vor der langen Reise und dem möglicherweise anstehenden Kulturschock. Aber das Wichtigste war: Ich spürte genau, es ging wieder in die richtige Richtung, die Weltenseele hatte mir einen weiteren Reisehelfer geschickt.

Es war ja noch zu früh, ich hatte das Schamprinzip noch nicht erkannt, aber ich spürte, dass ich mich auf diese neuen Erkenntnisse verlassen konnte. Ich hatte nie an Gott geglaubt, aber nun sagte mir jemand: »Du bist ein Liebling der Götter.« Der Astrologe erklärte mir auch, dass ich ein Problem mit meiner Mars-Konstellation hätte (»der Generalfeldmarschall in der Krabbelgruppe«) und mir deshalb in beruflichen Dingen auch oft selbst im Weg stünde. Wie recht er hatte! Da ich zu diesem Zeitpunkt kurz vor Vertragsverhandlungen stand und in regelrechte Panik geriet, keinen neuen Kontrakt zu bekommen, riet mir Norbert dazu, den Mars zu stärken. Ich steh bestimmt bald auf der Straße, dachte ich mir. »Lass uns eine Mars-Remedy machen«, sagte er. Ich wusste zwar nichts von der Macht des Mars, aber ich willigte ein. Was sollte schon groß passieren?

Da der Mars-Tag der Dienstag ist (die Woche ist in den romanischen Sprachen nach Planeten benannt, auf Italienisch heißt der Montag lunedì für Mond, der Dienstag martedì – darin steckt das Wort Mars –, der Mittwoch mercoledì für Merkur, der Donnerstag giovedì für Jupiter, der Freitag venerdì für Venus), musste ich fortan sieben Wochen lang jeden Dienstag ein Mantra 108 Mal sprechen, ein rotes Kleidungsstück tragen (Rot ist die Farbe des Mars), ein rotes Getränk trinken (bevorzugt Rotwein) und rote Linsen essen. Zugegeben, das mag man in der westlichen Welt überhaupt nicht verstehen, und auch ich begriff nicht ganz, warum ich das tun sollte. Aber ich tat es. Die Frage war schließlich: Was würde sich verändern? Wie würden die Vertragsverhandlungen ausgehen? Würde ich meinen Job behalten?

Kurz vor dem entscheidenden Gespräch erreichte mich ein Anruf eines anderen Senders. Es gab (noch) kein konkretes Angebot, aber immerhin genügend Interesse, um mich aufhorchen zu lassen und mich gleichzeitig in Sicherheit zu wiegen.

An einem sonnigen Tag im Mai fuhr ich nach Unterföhring, vor mir zwei meiner Vorgesetzten, von denen der eine sagte: »In der Bundesliga bleibt alles wie bisher. Wir haben uns aber entschieden, dass du die Europe League nicht mehr moderierst.« In meinem Kopf drehte sich sofort alles. Meine Ängste schienen wahr zu werden. Ich hatte doch gute Arbeit geleistet, nun ja, so ist das eben, wenn man aufs Abstellgleis kommt, dachte ich. Wie durch einen Nebel hörte ich die andere Stimme aus weiter Ferne sagen: »Aber wir haben uns entschlossen, dass du die Champions League moderierst.« Pause. »Das wolltest du doch, oder?«

Ich reagierte zunächst gar nicht. Dann wurde mir fast schwarz vor Augen. Da war es. Das Angebot, auf das ich immer gewartet hatte. Noch nie hatte eine Frau in Deutschland die Champions League moderiert. Ich durfte die Erste sein, und ich wusste: Das konnte mir keiner mehr nehmen. Egal wer kommen würde: Ich würde immer die Erste bleiben. Ich bedankte mich benommen und schwebte wie auf Wolken aus dem Büro. Noch auf dem Weg zum Auto dachte ich an meine Mars-Heilung. Der Mars ist zuständig für geschäftliche Erfolge. Mag sein, dass das alles in überhaupt keinem Zusammenhang steht, aber Fakt ist doch: Bevor ich mit der »Mars-Remedy« begonnen hatte, hatte ich Angst, meinen Job zu verlieren. Acht Wochen später hatte ich eine Beförderung in genau die Position bekommen, die ich mir am meisten gewünscht hatte. Ein Urteil mag sich an dieser Stelle jeder selbst bilden.

Spiritualität nicht im esoterischen Sinn, sondern im Kontext der Bewusstheit spielt auf meiner Reise natürlich eine Rolle, denn auch sie zählt zu den Wegbegleitern der Selbstliebe. Wer sich auf den Weg nach Indien macht, einem Land, in dem die Feinstofflichkeit eine wirklich große Rolle spielt, kommt verändert zurück. Ob er oder sie will oder nicht. Allein die Entscheidung, nach Indien zu reisen, verändert alles.

Dort begegnete ich wiederum einem vedischen Astrologen, der mir sagte, dass ich ein großes Problem mit Saturn hätte. »Du steckst in einer dreieinhalbjährigen Saturnphase, die gerade im Privaten sehr viel Negatives mit sich bringt.« Am 27. Oktober 2017 war die Saturn-Periode vorbei, und kurz darauf sah ich den Astrologen wieder. Wieder saßen wir in einer kleinen Palmhütte am Ufer des Indischen Ozeans, die Wellen rauschten, und seine kleinen Glubschaugen lächelten freundlich. Er studierte mein Chart und sagte: »Ah gut, die Saturn-Periode ist vorbei für dich. Jetzt geht es nur noch aufwärts«, prophezeite er. Dann blickte er noch mal auf mein Chart, und sein Blick erhellte sich: »Oh, die Venus steht exzellent!«, rief er aus. »Du wirst in den nächsten drei Monaten bis Ende April den Mann deines Lebens kennenlernen, und die Chancen stehen sehr gut, dass du sogar heiratest!«

Man erinnere sich: Ich war zu dem Zeitpunkt fast zwei Jahre Single, und es befand sich kein einziger ansatzweise spannender Kandidat in meinem Dunstkreis. Ich verwarf sein Statement innerlich und schob es auf die typisch indische Heiratssehnsucht. Ich erwiderte: »Puh, jetzt machen mir schon die Sterne Druck!« Und trotzdem sollte der Astrologe mit seinen umfassenden Kenntnissen über die älteste Wissenschaft der Menschheit recht behalten. Drei Monate später lernte ich meinen Mann kennen, vier Monate später waren wir verlobt – und sechs Monate später verheiratet. Dass die Saturn-Periode da übrigens schon sieben Monate vorbei war, spielte ganz sicher eine Rolle. Auch Dr. Vignesh nahm an unserer Hochzeit teil. Er lächelte nach der Zeremonie weise und sagte: »Es ist wunderschön, Zeuge einer solchen Transformation zu sein.« Und ich versichere Ihnen: Für meinen Mann und mich war es der schönste Tag unseres Lebens. Und ich weiß heute mit Sicherheit: Wenn ich nicht durch den tiefen Schamsumpf gewatet wäre und keinen Weg herausgefunden hätte, wäre ich heute nicht mit dem wunderbarsten Mann der Welt verheiratet. Die Katharsis war hart, aber sie führte geradewegs ins Glück.

DOCH NUR EINE MATRIX?

WAS IST ÜBERHAUPT REALITÄT?

Der vedische Astrologe hatte nicht nur durch seine großen Erfolge bei mir nachhaltigen Eindruck hinterlassen, sondern auch mit einem lapidaren Satz, den er einstreute, bevor er erneut Tee einschenkte. »Na ja, zu ernst nehmen darf man das Leben nicht«, schmunzelte er. »Das ist doch alles gar nicht real, wir leben sowieso in einer Matrix.« Ich wurde stutzig, kannte den Begriff nur aus dem berühmten Kinofilm mit Keanu Reeves. Und obwohl ich den Film nicht einmal gesehen hatte, begriff ich, was er mir sagen wollte: Mein Schmerz, meine Scham, sie waren möglicherweise überhaupt nicht da. Existierten nur in meinem Kopf. Gefiltert durch meine Wahrnehmung.

Der indische Gelehrte Patanjali schreibt in seinem Yoga-Sutra, Kapitel IV, Vers 23: »Die Wahrnehmung ist das Produkt der Begegnung zwischen Objekt und Selbstbild des Subjekts mit seinen Emotionen.« Weder Wissenschaftler noch Philosophen, Psychologen oder Spirituelle haben je behauptet, dass eine allumfassende »Realität« existiert.

Alles, wirklich alles, durchläuft den Filter unseres Gehirns. Das bedeutet: Was Sie für wahr halten, was auch immer Ihnen Schmerz bereitet, erleben Sie durch Ihre Wahrnehmung. Was ist überhaupt real? Der deutsche Physiker Werner Heisenberg entdeckte, dass Teilchen erst bei ihrer Betrachtung einen festen Platz einnehmen. Das war die Geburt der Quantenphysik, und Heisenberg erhielt 1932 den Nobelpreis. Albert Einstein ätzte und fragte: »Ach, dann soll der Mond also nicht da sein, wenn ich ihn nicht betrachte?«

Die Quantenphysik sagt: Ja. Sie legt uns – vereinfacht gesprochen – dar, dass die Realität eine Art von Illusion ist und nur dann existiert, wenn wir hinsehen. Teilchen ändern sich bei Betrachtung. Heisenbergs Theorie der Unschärferelation besagt, dass man Ort und Geschwindigkeit eines Teilchens nie gleichzeitig genau ermitteln kann. Sobald einer der beiden Parameter exakt feststeht, wird der andere »unscharf«. Das bedeutet: Die Berechenbarkeit der Welt steht vor unüberwindbaren Grenzen.

Generationen von Wissenschaftlern haben sich schon darüber gestritten, ob es nun eine universelle Realität geben kann oder nicht, allen voran Heisenberg und Einstein. Aber was bedeutet das für uns?

Ganz einfach: Das alles, wirklich alles auf der Welt nur und ausschließlich über unser menschliches Bewusstsein existiert. Niemand kann das Gegenteil behaupten, denn auch das täte er nur über sein Bewusstsein. Bestes Beispiel für die Bewusstseinsthese sind die tausendfach nachgewiesenen Placeboeffekte von Medikamenten. Allein über den Glauben verändert sich die Wirklichkeit der Patienten.

Mein Ehemann erzählt immer die herrliche Geschichte, wie er mit Freunden gemeinsam beim Fußball war, sie sich schön ihre Bierchen reinzischten und am Ende alle »stockbesoffen« waren. Sie zogen weiter in eine Kneipe, trafen dort einen anderen Kumpel, der sich ebenfalls im Stadion das Spiel angeschaut hatte. Mit Verwunderung erblickte er seine Freunde. »Was ist denn mit euch los? Wo wart ihr denn?«, fragte er. »Na im Stadion, waren halt ein paar Bierchen zu viel«, antwortete mein Mann mit schwerer Zunge. »Aber da gab's doch ausschließlich alkoholfreies Bier«, rief sein Kumpel aus. Doch alle fühlten sich beschwipst bis betrunken. Der Körper reagierte nicht auf den »Stoff«, sondern auf die Information. Die war wichtiger als die Substanz selbst. Mittlerweile gibt es sogar Phantomoperationen, die den Zustand von Parkinsonpatienten stark verbessern. Die Möglichkeiten also sind endlos.

Frei nach Heisenberg gibt es keine Realität und damit auch keine Illusion. Sich in diesem Freiraum zu bewegen fällt aber sehr schwer. Wer kann schon ermessen, was Wirklichkeit ist und wer wir sind in dieser Matrix?

Dazu hält seit Jahren Dr. Joe Dispenza, ein amerikanischer Neurowissenschaftler, der sich auch auf das Feld der Quantenphysik begeben hat, äußerst launige und sehr sehenswerte Vorträge auf der ganzen Welt.[62] Mit seiner Hilfe begann ich, mein Denken zu überprüfen. Knapp 70.000 Gedanken schwirren, so Dispenza, täglich in unserem Kopf, 90 (!) Prozent davon sind aber im Grunde genommen stetig die gleichen.

Die entscheidende Frage also ist: Warum erschaffen wir uns, trotz der unendlichen sich uns bietenden Möglichkeiten, immer wieder die gleichen (gefühlten) Realitäten? Warum erschaffen wir uns keine neuen, besseren Gedanken über uns und die Welt? Friedlichere, freudvollere?

Nervenzellen und Neuronen kommunizieren in unserem Gehirn, indem sie »feuern«. Sie nehmen über ihre Fortsätze elektrisch übertragene Signale an oder leiten sie weiter. Mit ihren Billionen von Nervenzellkontakten ist die Hirnrinde ein unfassbar kompliziertes Netzwerk. Irgendwo in diesem Prozess von »feuernden« Neuronen entsteht Bewusstsein – wo genau, darüber streiten die Gelehrten –, vermutlich in der nur wenige Millimeter dicken und stammesgeschichtlich jungen »Deckschicht« unseres Gehirns, dem Cortex. Dort ballen sich etwa 15 Milliarden Nervenzellen, er gilt als eine Art Leitzentrale des Gehirns.

»Unsere Gedanken beeinflussen unser Bewusstsein – und umgekehrt.«

Unsere Gedanken beeinflussen unser Bewusstsein – und umgekehrt. Die Kraft unserer Gedanken lässt sich an einem einfachen Experiment belegen: Forscher ließen eine Gruppe von Teilnehmern vier Wochen lang jeden Tag einen Finger der linken Hand zunächst anspannen und dann wieder entspannen. Eine zweite Gruppe sollte dasselbe tun – jedoch nur im Geiste. Am Ende der Studie hatte die Muskelkraft der ersten Gruppe erwartungsgemäß um 30 Prozent zugenommen, die der zweiten Gruppe jedoch ebenfalls – um 22 Prozent, ganz ohne körperlichen Einsatz.[63]

Die Quantenphysik und Dispenza führen uns schnurstracks zu einem weiteren, neuen Feld der Wissenschaft: der Epigenetik. Früher gingen die Wissenschaftler davon aus, dass man mit der Entschlüsselung aller Gene auch die Schlüssel zu allen Fragen des Lebens in der Hand halte. Doch weit gefehlt – als das komplette Genom (also alle circa 25.000 Gene eines Menschen) decodiert war, tauchten neue Fragen auf. Wieso hatten zwei Menschen das gleiche Krebsgen – und nur einer erkrankte?

Der frühere Stanford-Wissenschaftler und spätere Professor Bruce Lipton gilt als einer der Mitbegründer der Epigenetik. Sein bekanntestes Experiment lieferte den Beweis, dass Zellen sich in ihrer Umgebung verändern, es also zusätzlich zur DNA weitere Faktoren gibt, die unmittelbar auf die Gesundheit unserer Zellen Einfluss nehmen. Lipton steckte Stammzellen in eine Petrischale mit einer Nährlösung, in der sie sich alle zehn Stunden teilten. Nach zwei Wochen zappelten Tausende von Zellen in seinem Schälchen, alle genetisch ABSOLUT identisch. Lipton teilte die Zellen dann auf drei verschiedene Schalen auf und veränderte die jeweilige Nährlösung leicht. Dann geschah das Erstaunliche: In einer Schale bildeten sich Muskelzellen, in einer anderen bildeten sich Knochenzellen. In der dritten Schale bildeten sich Fettzellen. Alle aus den gleichen, genetisch identischen Zellen.

Also lautete Liptons wichtigste Frage: Was steuert das Schicksal der Zellen? Und die Antwort ist: nicht die Genetik, weil sie alle genetisch identisch sind. Das Einzige, was anders war, war ihre Umwelt. Das griechische Präfix »epi« bedeutet »dazu«. Es existiert also zusätzlicher Einfluss zu den Genen. So wie ein Organismus seine Umwelt verändert, ändert er seine genetische Aktivität, um sich den Bedingungen der Umgebung anzupassen.[64]

Die gute Nachricht lautet: Wir sind also nicht die Sklaven unserer Gene! Sie lassen sich modifizieren, wenn wir ihre Umwelt ändern und sie anders »programmieren«. Wir sind ein Wesen, das aus 60 Billionen Zellen besteht, also gewissermaßen ein 60-Billionen-Zellhaufen. Und wir sollten uns in unserer Umgebung wohlfühlen!

Es ist wie beim Pinguin: Der an Land so extrem putzig, aber eben auch etwas tölpelhaft wirkende Vogel, entwickelt sich im Wasser zu einem wahren Künstler, einem pfeilschnellen Akrobaten mit erstaunlichen Fähigkeiten. Vielleicht ergeht es uns Menschen wie den Pinguinen – und wir fühlen uns deshalb falsch und schämen uns, nicht weil WIR falsch SIND, sondern weil wir einfach im falschen Umfeld gefangen sind! Schauen Sie sich um: Wer oder was tut Ihnen wirklich gut?

Ist das der Job, den Sie wirklich machen wollen? Ist das die Ehe, die Sie führen wollen? Sie können Ihr Milieu schon dadurch ändern, dass Sie Ihre Haltung dazu ändern. Radikale Akzeptanz ist der Schlüssel. Fangen Sie bei sich selbst an, verzeihen Sie sich Ihre Mechanik – und dann auch den anderen ihre.

Kleiner Tipp: Die einfachste Übung, die Haltung zu verändern, ist die simple Frage: Wer will ich heute sein? Fragen Sie sich, wer Sie sein wollen! Richten Sie all Ihre Aufmerksamkeit auf Ihre positiven Eigenschaften, die Sie weiter verstärken wollen. Sie werden sukzessive merken, dass sich Ihre Umwelt Ihrem veränderten Wesen anpasst. Wann immer Sie hadern, fragen Sie sich: Wer will ich sein? Wer will ich wirklich sein?

Und Sie werden spüren, wie sich Ihre Haltung Ihrem neuen Denken anpasst.

SCHAMKILLER DANKBARKEIT

In Indien lernte ich auch eine weitere, unerlässliche Reisehelferin aus der Scham kennen: die allerbeste Freundin des Menschen, die Dankbarkeit. In der buddhistischen Tradition spielt sie seit Jahrtausenden eine wichtige Rolle auf dem Weg zu unserem inneren Frieden.

An meinem Bett in Kerala lag ein kleines, orangefarbenes Büchlein mit der Aufschrift »Gratitude-Journal«. In diesem Dankbarkeitstagebuch sollte ich jeden Abend mindestens fünf Dinge oder Begebenheiten notieren, für die ich an diesem Tag dankbar war. Auch wenn ich schon von verschiedenen Studien gehört hatte, so hatte ich keine Ahnung, welche wunderbare »Macht« der Dankbarkeit innewohnt.

Fleißig notierte ich die Dinge, für die ich ad hoc dankbar war. Oft wurden aus fünf Ereignissen eher zehn, und ich konnte spüren, wie sich in mir etwas veränderte. Sobald ich mich in das Gefühl der Dankbarkeit begab, wurde ich ruhiger, mein Körper entschleunigte, mich durchdrang plötzlich ein innerlicher Frieden. Mein Atem ging langsamer, und es fühlte sich an, als würde mein Geist drei Gänge runterschalten und dabei ins friedvolle Lächeln abbremsen. Bei meinen Recherchen zu diesem Buch stieß ich auf Professor Paul J. Mills, spezialisiert auf Psychoneuroimmunologie und Psychosomatik. Mills hatte herausgefunden, dass Dankbarkeit den Vagusnerv aktiviert – und da hieß es aufhorchen!

Denn die subjektiven Veränderungen, die ich an mir wahrnahm, ließen sich exakt auf diese Aktivierung zurückführen. Beim (mir bis dato unbekannten) Vagusnerv (lat. vagus = umherwandernd) handelt es sich um das wichtigste Bindeglied zwischen Geist und Körper, ein riesiges verästeltes Gebilde, das sich vom Hirnstamm am Hals entlang durch den Brustkorb zum Herzen schlängelt und sich von dort aus weiter in den Bauch und die Verdauungsorgane zieht. Er ist gewissermaßen der Posterboy des Parasympathikus, des Bereichs des vegetativen Nervensystems, der für Entspannung und Regeneration zuständig ist.

Wer sich anschaut, wie RIESIG dieser Vagusnerv ist (siehe Illustration rechts), dem wird automatisch klar, welche zentrale Rolle er für unser Wohlbefinden spielt!

Das bedeutet: Wir können durch Dankbarkeit nicht nur negative Gefühle wie die Scham beiseiteschieben (Scham kann neben Dankbarkeit nicht unmittelbar existieren), nein, wir können AKTIV etwas für die Verbesserung unserer Stimmung und unserer Lebensqualität tun.

Professor Mills hatte 186 Männer und Frauen untersucht, die unter einer Herzschwäche litten (Herzinsuffizient im Stadium B), aber noch keinerlei körperliche Symptome zeigten. Als einige von ihnen ein Dankbarkeitstagebuch führten, verbesserte sich ihre gesundheitliche Verfassung, anstatt in Phase C zu schlittern. »Mills: ›Wir stellten fest, dass bei jenen Patienten, die täglich in ihr Dankbarkeitstagebuch schrieben, gleich mehrere

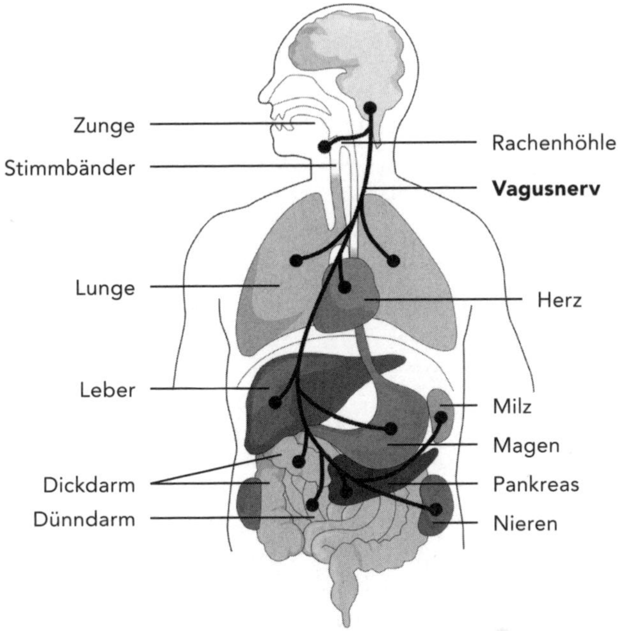

Entzündungsmarker sanken. Gleichzeitig erhöhte sich die Herzfrequenzvariabilität, was mit einem geringeren Infarktrisiko gleichzusetzen ist.‹ Mills folgert, dass ›ein Dankbarkeitstagebuch offenbar eine einfache Methode darstellt, die Herzgesundheit zu verbessern‹.«[65] Andere Wissenschaftler beobachteten, dass sich der Blutdruck durch Dankbarkeitsübungen um gute 25 Prozent senken ließ.

Dankbarkeit kurbelt außerdem die Produktion von Dopamin und Serotonin an. Dopamin ist für unsere Antriebssteigerung und Motivation zuständig. Serotonin reguliert im Herz-Kreislauf-System die Spannung der Blutgefäße. Die beiden sind mit die größten Helfer im Bereich gute Laune, so etwas wie die Animateure unter den Hormonen.

Wer sich also für die Dankbarkeit entscheidet (und es gibt im Leben, egal wie sich die Umstände gerade gestalten, unzählige kleine oder größere Dinge, für die wir dankbar sein können), liegt niemals falsch. Dankbarkeit besiegt chronischen Stress, ja sogar der Herzrhythmus verbessert sich. Und: Dankbarkeit lässt uns sowohl psychisch als auch physisch gesunden. Neben ihr haben Stress, Scham oder auch Ängste keine Chance. Sie fördert die Kreativität, hebt Ihre Stimmung und stärkt die Resilienz. In meinem Fall hat sie entscheidend zu meinem neuen Leben beigetragen. Dankbarkeit ist mehr als nur ein geflügeltes Wort. Wir sollten sie täglich leben, denn mit ihr gelingen Beziehungen deutlich besser, sie lässt uns mit einem liebenden Auge auf den Partner sehen, auch wenn er wieder mal die nassen Socken in den Wäschekorb geworfen hat. Dankbarkeit macht schlichtweg glücklicher.

»Dankbarkeit lässt uns sowohl psychisch als auch physisch gesunden.«

Machen Sie dazu jetzt eine kleine Übung: Atmen Sie ruhig, und denken Sie spontan an etwas, das Sie dankbar werden lässt. Vielleicht ist es die Schönheit eines Gartens, das Lächeln Ihres Kindes, die Gesundheit Ihrer Liebsten. Vielleicht auch einfach nur, dass der Streit mit einer Kollegin beigelegt ist, sich der Angebetete doch noch gemeldet hat, Sie ein schönes Heim haben, Ihr Haustier nicht mehr erkältet ist oder morgen Ihr Urlaub beginnt. Sie verstehen, was ich meine, oder? Suchen Sie sich etwas heraus, und atmen Sie dreimal tief ein und aus. Spüren Sie, wie sich innere Ruhe einstellt? Wie der innere Diktator plötzlich verstummt und Sie sich friedlicher fühlen? Genau jetzt aktivieren Sie Ihren Vagusnerv.

Oder führen Sie ein Dankbarkeitstagebuch, in dem Sie am Abend notieren, wofür Sie tagsüber dankbar waren.

Dankbaren Menschen fällt es nicht nur leichter, sich bei den anderen zu bedanken, sondern auch um Unterstützung zu bitten. Menschen, die die Sprache der Dankbarkeit sprechen, haben ein besseres soziales Netz. Für mich ist die Dankbarkeit vor allem dann wichtig, wenn um mich herum die Wogen hochschlagen und ich das Gefühl habe, unter all den Tellern zusammenzubrechen, mit denen ich gerade jongliere. Dankbarkeit führt auf direktem Weg zurück ins Ich. Und sie lässt der Scham keine

Chance, niemand kann sich schämen und gleichzeitig dankbar sein. Es funktioniert nicht. Auch beim Partner hilft Dankbarkeit enorm. Paare, die einander dankbar gegenüberstehen, sind glücklicher und gehen liebevoller auch mit den Macken ihres Gegenübers um.

Kleiner Tipp: Wer kein Dankbarkeitstagebuch führen möchte, obwohl ich das von Herzen empfehlen kann, kann auch mit einem anderen Ritual beginnen. Nehmen Sie Ihr ganzes Kleingeld aus Ihrem Geldbeutel und stecken Sie es am Morgen in die rechte Hosentasche. Immer wenn etwas Positives geschieht, wandert eine Münze in die linke Hosentasche. Abends leeren Sie Ihre Taschen und gehen die Münzen durch. Sie erinnern sich an die schönen Anlässe, aufgrund derer die jeweilige Münze in die andere Tasche gewandert ist. Sie werden unmittelbare Entspannung und eine bessere Stimmung feststellen. Probieren Sie es aus, es hilft. Garantiert.

WIDER DEN OPTIMIERUNGSWAHN!

Selbstfreundschaft und auch Selbstfreundlichkeit sind zwei Krieger, die unerlässlich sind im tapferen Kampf gegen die Scham. Denn die Selbstfreundschaft besticht vor allem durch die Komponente, dass wir uns selbst aus einem anderen Blickwinkel betrachten. Genau in dem Maß, wie wir uns die Frage nach Belohnung oder Bestrafung stellen, können wir uns bei der Selbstfreundschaft rückversichern: Würde ich das meiner besten Freundin oder meinem besten Freund so wünschen?

Fragen Sie sich: Würde ich meiner besten Freundin wünschen, dass sie sich innerlich den ganzen Tag niedermacht? Würde ich meiner besten Freundin wünschen, dass sie sich unter ihrem Wert verkauft, ihrer Gesundheit schadet oder heillos überfordernde Berge von Arbeit annimmt? Dann wäre ich doch eine extrem schlechte Freundin, oder?

Würde ich meiner besten Freundin wünschen, dass sie sich aufopfert, ohne auf sich zu achten, dass sie immer nur funktioniert, ohne das Leben in vollen Zügen zu genießen? Wohl kaum. Würde ich ihr ständig einreden, sie sei zu dick oder habe andere unschöne Makel? Würde ich ihr raten, bei einem Mann zu bleiben, der sie nicht von Herzen liebt, nur aus Angst vorm Alleinsein? Wohl kaum.

Aber der kleine innere Diktator tut das jeden Tag. Warum sind wir uns nicht einfach selbst unsere beste Freundin? Unter anderem, weil eine Milliardenindustrie unglaublich gut von unserer Scham lebt. Kein Tag ohne Diättipps, den besten Hinweisen zum »Kaschieren« (wenn ich dieses Wort schon höre!) unserer »ungeliebten Pfündchen« oder wahlweise für die Männer für den schnellsten Weg zum Waschbrettbauch. Wenn jede Käuferin oder jeder Käufer zum perfekten Wesen mutierte, würde sie oder er diese Zeitschriften dann noch kaufen? Es besteht also durchaus ein nicht zu unterschätzendes ökonomisches Interesse, die Scham am Leben zu erhalten. Deshalb verkaufen uns Frauenzeitschriften fast ausschließlich Wege, sich zu ändern. Warum darf denn niemand einfach mal so bleiben, wie er ist?

»Warum sind wir uns nicht einfach selbst unsere beste Freundin?«

Aber selbst damit wird ja ein Wahnsinnsgeld verdient – Stichwort Anti-Aging. Die Chefin eines großen Kosmetikkonzerns hielt anlässlich der Verleihung eines Business Awards, zu dem auch ich geladen war, eine Laudatio auf einen hochrangigen Bundesligamanager, der anscheinend sehr, sehr teure Anti-Aging-Cremes benutzt. Die eloquente Dame brachte es auf den Punkt und scherzte: »Wissen Sie, in der Kosmetik lautet die Regel: 90 Prozent Marketing und zehn Prozent Hoffnung.« Was sie damit anscheinend sagen wollte: Diese hundsgemein teuren Cremes versprechen viel mehr, als sie halten. Ich benutze eine Arganöl-Creme für 3,29 Euro das Töpfchen aus dem Internet, und meine Haut findet sie super.

Ich habe mir in meiner schlimmsten Schamzeit so teure Hautpflegeprodukte gekauft, dass, wenn ich alles zusammennehme, ich mir dafür zwar vielleicht kein Eigenheim, aber locker einen Kleinwagen hätte leisten können. Die Falten kamen trotzdem, dagegen ließ sich nichts machen. Es gibt sicher einige Wohlfühlprodukte, gegen die ich gar nicht wettern möchte. Grundsätzlich aber gilt: Wenn es uns zu viel Geld kostet und wir unser Budget überstrapazieren, weil wir uns an die Hoffnung klammern, dass wir möglicherweise länger jung aussehen könnten, dann macht das keinen Sinn. Denken Sie lieber an Ihre Altersvorsorge!

Und als ich meine schambehaftete Midlife-Crisis bekam und an meinem 40. Geburtstag einfach nur durchheulen wollte, da musste ich mich an einen wunderbaren Ausspruch meiner Freundin Iris erinnern, die mir sagte: »Der einzige Weg, um nicht älter zu werden, ist, jung zu sterben.« Und das wollte ich dann auch nicht.

»Der einzige Weg, um nicht älter zu werden, ist, jung zu sterben.«

In München, wo ich lebe, geben viele Frauen im verzweifelten Kampf gegen das unvermeidbare Älterwerden ein Vermögen aus. Gegen Fitness und einen gesunden Lebensstil lässt sich auch wenig einwenden, aber wenn sich das Alter der gleich geschnippelten Damen nicht mehr erkennen lässt, wenn die Wangen praller sind als bei einem Neugeborenen und die Äuglein weit nach hinten treten – dann hat sich die Schönheitsindustrie im wahrsten Sinne des Wortes mal wieder eine goldene Nase verdient. Älter werden wir aber trotzdem.

Zu sich selbst freundlich zu sein ist ein wunderbarer Rat. Man behandelt sich besser, als man es normalerweise täte. Abzulassen von der ständigen Befeuerung durch die Makellosigkeit, die uns in der medialen Dauerbeschallung suggeriert wird. Es gibt auch keinen Platz für Scham, wenn ich mir selbst gegenüber freundlich bleibe. Egal was mir meine Scham suggeriert, warum ich angeblich schon wieder versagt habe: Wenn ich mir selbst gegenüber freundlich bleibe, schneide ich ihr zumindest an anderer Stelle den Weg ab. Trösten Sie sich lieber, statt sich wieder niederzumachen!

Das Prinzip beinhaltet eben auch, sich seine Mechanik zu verzeihen. Als ich eine Zeit lang in Italien lebte, lernte ich sehr schnell, dass die Menschen dort einander ihre Marotten liebevoll zugestehen. Es hieß bei der Beschreibung eines Freundes am Ende immer mit einem starken Schulterzucken: »È nato cosí.« Übersetzt heißt das: Er ist so geboren. Punkt. Der Ausruf beinhaltete einerseits die völlige Ablehnung der Möglichkeit, sich überhaupt ändern zu können, und andererseits die liebevolle Annahme der gesamten, komplexen Persönlichkeit des Gegenübers. Wer keine Macken hatte, galt als uninteressant.

Wenn ich zu mir selbst so freundlich bin wie eine beste Freundin und mir wirklich Gutes will, so tröste ich mich auch bei Niederlagen und verunsichere mich nicht zusätzlich mit selbstzerstörerischen Gedanken. Ich umarme mich und versichere mir, dass mit mir alles in Ordnung ist.

Mein Mann hat vor einigen Jahren seine Mutter verloren und nun auch seinen Vater. Sobald ich mich beschwere, ermahnt er mich zur Dankbarkeit. Denn selbst in der größten Dunkelheit hat er immer an das Leben geglaubt.

Oftmals sind es neurotische Selbsthass-Tiraden, die uns das Leben zur Hölle machen. Die Probleme, die wir im Außen sehen, befinden sich in einer Vielzahl der Fälle nur in unserem Kopf. Wir müssen uns aber von unserem Hirn nicht alles gefallen lassen! Jens Corssen hat einmal gesagt: »Ich coache nur noch auf gehobene Gestimmtheit.« Was für eine schöne Formulierung. »Gehobene Gestimmtheit«. Wo er recht hat, hat er recht. Innere Ziele sind oft leichter zu erreichen, weil man allein dafür verantwortlich ist.

Den meisten von uns geht es doch ausgezeichnet, wir haben ein Dach über dem Kopf, ein fantastisches Sozialsystem, wir haben eine Arbeit, die wir hoffentlich schätzen, Freunde, Menschen, die wir lieben – oder wir befinden uns in einer Zwischenphase, bis das nächste Hoch wieder eintritt. Zu sich selbst freundlich zu sein bedeutet, den Vergleich gar nicht zuzulassen. Denn darin liegt der Anfang des Unglücks. Ich würde meiner besten Freundin generell nicht raten, sich mit anderen zu vergleichen, denn sie ist wundervoll und einzigartig, und außerdem ist immer einer oder eine irgendwo besser. Von Eckhart Tolle habe ich gelernt, dass die meisten Lebenssituationen mangelhaft sind – je nach Blickwinkel. Sobald ich in den Vergleich gehe, werde ich IMMER schlechter abschneiden. Solche Vergleiche sind aber eine Beleidigung unserer Einzigartigkeit. Wir tragen so viel Besonderes in uns, denn die Chance, dass ausgerechnet SIE auf dieser Welt sind, war wirklich verschwindend gering. Es mussten so viele Kriege und Naturkatastrophen in Ihrer Ahnenreihe überlebt werden, damit SIE am Ende ein Leben geschenkt bekommen haben, dass es an ein Wunder grenzt. Und damit dann ständig zu hadern oder sich mit anderen zu vergleichen macht wenig Sinn. Es sei denn, Sie wollen schlecht drauf sein.

Das einzige Ziel muss schamloses Wohlfühlen sein. Lächeln Sie ins Leben, es hat es verdient. Zahlreiche Versuche haben gezeigt, dass Lächeln an sich schon eine Menge bringt, da dadurch ein Reverse-Wohlfühlbefehl das Gehirn erreicht. Unsere Schaltzentrale hat nämlich durchaus Probleme mit der Henne-und-Ei-Thematik. Will sagen: Ob wir lächeln, weil wir gerade schamlos zufrieden sind oder weil wir einfach die Mundwinkel heben, macht gar keinen so großen Unterschied. Wenn wir ein paar Sekunden lächeln, geht es uns automatisch besser. In Indien haben wir einmal wöchentlich Lach-Yoga praktiziert. Was sich zu Beginn komisch anfühlte, erwies sich als Riesenspaß! Aus dem künstlich erzeugten Lachen entwickelte sich in der Gemeinschaft ein wahrer Lachrausch. Niemand wusste am Ende mehr, wann er warum lachte, aber das war auch völlig egal. Wir hatten alle unfassbar gute Laune.

»Lächeln Sie ins Leben, es hat es verdient.«

Und denken Sie daran: Mehr als dieses schamlose Wohlfühlen können Sie nicht erreichen im Leben. Das sollte Ihre erste Priorität sein. Und wenn Sie die Scham auflösen, so werden Sie feststellen: Sich schamlos wohlfühlen ist das BESTE, das Ihnen je passiert ist! Befreit von der destruktiven Scham, die uns suggeriert, wir seien nicht gut genug, erleben Sie endlich das Glück, das Sie verdient haben! Es ist da! No Shame! Und die Verbesserungen im Innern bringen in der Regel auch Verbesserungen im Außen mit sich. Es lohnt sich!

Kleiner Tipp: Ein indisches Sprichwort besagt, dass jeder Mensch zum Durchschnitt der fünf Menschen wird, mit denen er sich am häufigsten umgibt. Also ist es unerlässlich, dass Sie sich mit Menschen umgeben, die Ihr Bestes wollen, die Sie wachsen sehen wollen. Schauen Sie genau hin: Wer Ihnen nicht von Herzen Beifall klatscht, wenn Ihnen etwas gelingt, wer Ihnen Ihre Freude nicht von Herzen gönnt, wenn Ihnen etwas Gutes widerfährt – den sollten Sie künftig nicht mehr so nah an sich heranlassen. Sie können aber einfach auch auf Ihre Intuition vertrauen, denn wer die Scham besiegt, wird keine missgünstigen Menschen mehr in seinem Leben dulden. Darauf können Sie sich verlassen.

DIE LIEBE LIEBT VERLETZLICHKEIT

Wenn wir wirklich akute Scham auflösen wollen, so können wir auch eine Strategie wählen, die ungewöhnlich ist: nämlich darüber reden. Es fällt uns unglaublich schwer zuzugeben, dass man sich mit schambehafteten Gedanken quält. Und es fällt uns noch viel schwerer, die Themen anzusprechen. Aber es hilft nichts. Wenn wir einen Rückschlag erleiden in unserem KVP, dem »kontinuierlichen Verbesserungsprozess«, und wenn wir uns darüber hinaus nackt und unzufrieden fühlen, wenn wir das Gefühl haben, schlicht nicht zu genügen und nicht liebenswert zu sein, dann dürfen wir vor diesem Gefühl nicht fliehen.

Es gibt dunkle Stellen in unserem Seelensumpf, die sich nicht durch mehr Dunkelheit auflösen lassen. Licht ist die einzige wirkungsvolle Waffe in diesem Moment. Mir ist selbstverständlich bewusst, dass wir in einer Welt leben, in der Scham ungern preisgegeben wird. Und doch bin ich wie einst Udo Jürgens der tiefen Überzeugung, dass wir nicht für unsere Leistungen geliebt werden, sondern für unsere Schwächen.

Deshalb sollten wir mit einem Menschen, dem wir vertrauen, über unsere eigene, destruktive Scham sprechen. Für Brené Brown stellt diese Form der Offenbarung der eigenen Verletzlichkeit sogar den Kitt dar, der Beziehungen zusammenhält.[66] Ich habe es am eigenen Leib erfahren. Erst als ich mich mit meiner Scham befasste und darüber sprechen konnte, entwickelten sich stabile Beziehungen in meinem Leben. Auch mit meinem Mann kann ich darüber sprechen, wenn mich ein Rückschlag plagt oder ich mich einmal ungenügend fühle. Uns schweißt es immer mehr zusammen, denn auch er beginnt sich zu öffnen. Ich bin ihm auf jeden Fall sehr dankbar, dass wir durch unsere Offenheit und Verletzlichkeit ein profundes Vertrauen aufbauen konnten und so eine wunderbare Beziehungsebene erreicht haben, wie wir es zuvor noch nie erlebt haben.

Verletzlichkeit bedeutet, sich mit reinem und offenem Herzen zu begegnen. Natürlich besteht die Möglichkeit, dass unser Gegenüber diese Offenheit und Verletzlichkeit ausnutzt. Aber wer darin seinen Vorteil sucht, sollte sich – mit Verlaub – ohnehin schnell vom Acker machen. Dann wäre es dieser Charakter doch auch überhaupt nicht wert, dass Sie ihm weiter Ihre Aufmerksamkeit schenken. Verletzlichkeit ist keine Schande und auch keine Schwäche! Dieser Irrglaube hat unsere Welt allerdings fest im Griff.

Eines ist sicher: Vom Reden ist noch kein depressiver Mensch geheilt worden. Und auch die Scham lässt sich nicht auflösen, indem ich immer wieder die Hirnareale anstupse, aus denen sie stammt. Im Gegenteil, ständige Retraumatisierungen haben sich nicht als hilfreich erwiesen. Dennoch gibt es eine Form der Entwicklungspsychologie, die durchaus hilfreich ist. Ihr Gegenüber wird Ihnen deshalb Ihre Scham nehmen, weil wir lernen, dass sie grundlos ist. Sie schämen sich nämlich für viele Dinge, die gar nicht existieren.

Viele Menschen versuchen, ihre Verletzlichkeit zu unterdrücken und ihre Scham zu verdrängen – mit schmerzhaften Folgen. Gefühle wegzuschieben endet in einem Desaster. Denn es ist nicht möglich, Gefühle selektiv zu unterdrücken. Wenn Sie versuchen, Ihren negativen Gefühlen keine Chance zu lassen, dann betäuben Sie auch die positiven. Doch auf der anderen Seite des Seelensumpfs warten die Liebe und das Glück – die wollen wir doch nicht sitzen lassen, indem wir unsere Scham nicht beachten. Scham, Verrat, Respektlosigkeiten, Spott oder der Entzug von Zuneigung beschädigen die Wurzeln, aus denen die Liebe erwächst.

Wer aber auf Empathie stößt und sich auf seinen Partner verlassen kann, erfährt eine ganz neue Form des Vertrauens. Wenn Sie sich mit all Ihrer Scham Ihrem Partner anvertrauen, wird dieser in aller Konsequenz auch an seine eigenen Unsicherheiten erinnert werden. Teilen Sie ihm deshalb unbedingt mit, dass er es nicht persönlich nehmen darf und dass es ausschließlich um Sie geht. Sonst laufen Sie Gefahr, dass die Scham Sie hinterrücks überfällt mit Gedanken wie: »Oh je, damit hätte ich ihn jetzt nicht belasten sollen, er hat ja gerade so viel zu tun.«

Merke: Ihre Gefühle und Ihre Offenheit sollten es JEDEM Menschen wert sein, dass er Ihnen zuhört. Wer Ihre innersten Ängste nicht respektiert, hat in Ihrem Leben nichts verloren. Wer Sie quält, indem er Ihr Vertrauen missbraucht, hat Ihre Loyalität nicht verdient und wird über kurz oder lang Ihre wunderbare Aura verlassen müssen. Wir können natürlich verzeihen, wenn wir das wollen, aber wir müssen es nicht. Bitte entschuldigen Sie, dass ich da so renitent werde, aber es geht immerhin um Ihr Leben! Und das sollte Ihnen etwas wert sein.

»Wer Ihre innersten Ängste nicht respektiert, hat in Ihrem Leben nichts verloren.«

Brené Brown schreibt: »Verletzlichkeit ist die Geburtsstätte von Liebe, Zugehörigkeit, Freude, Mut und Empathie. Sie ist die Quelle der Hoffnung, des Mitgefühls, des Verantwortungsbewusstseins und der Authentizität. Wenn wir uns größere Klarheit über den Sinn und Zweck unseres Daseins verschaffen wollen oder uns ein tieferes und bedeutsameres spirituelles Leben wünschen, führt der Weg unvermeidlich über das Terrain der ›Verletzlichkeit‹.«[67]

Die Prämie für diese Offenheit ist meistens eine ganz neue Erfahrung: Über den veränderten energetischen Austausch entwickeln sich emotional stärkere Verbindungen. Vielen gilt Verletzlichkeit als Schwäche. Sie denken, Offenheit gegenüber echten Gefühlen zuzulassen würde sie angreifbar machen. Aber das genaue Gegenteil ist der Fall! Wer wirklich liebt, ist mutig! Wer Gefühle zulässt, ist stark.

Vor einigen Wochen sprach ich mit einem Fußballtrainer, der mit seiner Mannschaft sehr gute Ergebnisse erzielt. Er meinte: »Früher habe ich immer gedacht, es sei eine Schwäche von mir, dass ich ein so feines Empfinden habe. Heute weiß ich: Es ist meine Stärke!«

Wagen wir also ein kleines Gedankenexperiment: Wenn Sie Ihre Befürchtungen, was alle anderen über Sie denken könnten, weglassen, wie würden Sie dann Ihre Gefühle ausdrücken? Wer würden Sie wirklich sein? Am liebsten laufen wir ja maskiert und mit Rüstung wie beispielsweise im Kostüm oder Anzug durch die Welt und kümmern uns weder um uns noch um unsere Mitmenschen wahrhaftig. Aber das sollten wir tun! Genau hinschauen! Bei allen anderen – und auch bei uns selbst. Wir sind hier, wir atmen und wollen das Leben in seiner gesamten Fülle auskosten. Dafür müssen Sie, so leid es mir tut, die Hosen runterlassen! Und das kann Angst machen, oh ja!

Es gab und gibt Tausende von Momenten, bei denen ich mich immer noch fürchte, mich der Verletzlichkeit auszusetzen. Doch – wie wir gelernt haben – Glück ist eine Überwindungsprämie und jedes Mal, wenn wir ein Stück näher an uns selbst heranrücken, haben wir wieder einen großen Schritt ins Glück gewagt.

FEHLER EXISTIEREN NICHT!

In unserer Kultur des Mangels sind wir Weltmeister im Haare-aus-der-Suppe-Fischen. Wir genügen nie. Nein, wir machen es uns noch viel schwerer, indem wir unseren Fokus nicht auf die 99 Prozent legen, die uns gelungen sind, sondern auf die einprozentige Abweichung von der vermeintlichen Perfektion. Und damit füttern wir wieder unseren Schamkörper. Was für eine Verschwendung wertvoller Energie! Fehler sind nämlich in den meisten Fällen NUR ein Gedankenkonstrukt. Sie existieren real überhaupt nicht. Möglicherweise haben sich an einer Lebensabzweigung die Vorzeichen geändert, aber mehr auch nicht. Jede Entscheidung basiert auf den Überzeugungen, die sich aus Ihrer Wahrnehmung zu diesem Zeitpunkt ergaben. Diese Wahrnehmung ist grundsätzlich für den Moment richtig, denn es ist Ihre eigene, und sie ist zeitgebunden.

Fehler existieren nur im Kopf und in der Zeit, sie sind nur die Gehilfen der Scham. Ja, Sie mögen die Theorie anzweifeln, aber ich erkläre es Ihnen. Wer sich schämt, fühlt sich grundsätzlich fehlerbehaftet, immer ungenügend. Das sollte aber aufhören, sobald Sie begreifen, dass es keine Fehler gibt.

Fehler sind meistens eine Erscheinung der Vergangenheit, rein physikalisch handelt es sich also um Handlungen, die Sie entweder beeinflussen oder nicht beeinflussen konnten. In letzterem Fall scheidet »Ihr« Fehler grundsätzlich aus. Wenn Sie die Handlung beeinflussen konnten, gab es also möglicherweise ein Verhalten, dass Sie besser unterlassen hätten. Ist das wirklich ein Fehler? Oder nur eine Reaktion auf alles bislang Erlernte in dem Moment mit all Ihren Möglichkeiten, Ihren Emotionen und Ihrem Bewusstsein? Sie waren Sie selbst? Aber dann war es doch in dem Moment das Richtige!

In der Rückschau mögen Sie es als »Fehler« empfinden, aber das ist nur eine negative Bewertung einer bereits beendeten Handlung oder Situation. Fehler sind die Vorstellungen eines kleinmütigen, ignoranten und verängstigten Geistes. Diese Verkettung von Prozessen im Gehirn zielt ausschließlich darauf ab, uns schlecht zu fühlen. Aus Gründen der Evolution mag die Angst erklärbar sein, und aus dieser Ecke stammt auch der Satz »Aus Fehlern lernt man«. Doch heute sitzen sehr wenige Tiger oder Mammuts in den Wohnzimmern, die uns zu tödlichen »Fehlern« verleiten könnten. Fehler sind vielmehr ein Gedankenkonstrukt, das eng mit der Angst verknüpft ist. Angst war einmal sinnvoll, als wir wirklich noch bedroht wurden, als uns draußen wirklich wilde Tiere an die Wäsche beziehungsweise ans Fell wollten. Heutzutage dient die Angst niemandem mehr. Was für eine Fehler-Hirnwichserei! Wir pflegen imaginäre Ängste vor etwas, das genauso wenig existiert wie die Angst selbst. Wenn es keine Fehler gibt, müssen wir auch keine Angst davor haben, richtig? Fehler sind nur eine Geißel unseres Geistes und Gehilfen der Scham, weil sie die äußerliche, bewertende Komponente beinhalten. Scham entsteht natürlich auch, wenn ANDERE uns auf unsere Fehler hinweisen.

Ich gebe Ihnen ein Beispiel aus meiner Arbeit als Sportreporterin. Eines Tages war ich auf Schalke (so sagt man das, wenn man in Gelsenkirchen INS Stadion geht). Das große Revierderby stand an, eines der bedeutendsten Spiele in der Bundesliga aufgrund der großen Rivalität der beiden Clubs. Schalke 04 empfing Borussia Dortmund, und ich hatte von der Redaktion die Aufgabe übertragen bekommen, vor dem Spiel ein Interview mit beiden Trainern zu führen. Die hießen damals Jens Keller und Jürgen Klopp. Letzterer sollte eine sehr große Karriere machen.

Ich hatte mir eine Einstiegsfrage überlegt, die darauf abzielte, dass beide aus dem Stuttgarter Raum stammen, und wollte damit eine Verbundenheit herstellen vor diesem doch so umkämpften Duell, das oft auch Gewalt abseits der Arena nach sich zog. Der Plan ging auf. Jürgen Klopp und Jens Keller scherzten beide ausgiebig miteinander, dann sagte Klopp zu mir: »Mein Vater kommt aber aus der Pfalz, da kommst du doch auch her, oder?« Ich bejahte. Wir sprachen weiter über das Spiel, und am Ende des etwa vierminütigen Interviews dachte ich wieder an Klopps Vater und ergänzte aus Höflichkeit: »Ach, und grüßen Sie mir Ihren Vater.«

Klopp nickte freundlich und ging.

Was ich leider nicht ahnte: Sein Vater war bereits tot.

In den sozialen Netzwerken brach die Hölle los. Wenige Minuten später klingelte mein Telefon. Mein Chef. »Hast du gerade wirklich Grüße an den toten Vater von Klopp ausgerichtet?«, fragte er entsetzt. Ich wusste nicht, wie mir geschah. Die Scham überfiel mich augenblicklich. Sie überflutete mich. Ich befand mich in einer Art Schockstarre und hatte keine Ahnung, wie ich überhaupt weiterarbeiten sollte. Wie in Trance durchstand ich die nächsten Interviews, kämpfte immer wieder mit den Tränen. Wie konnte mir so etwas nur passieren?

Der BVB verlor dieses 145. Pflichtspiel-Derby mit 1:2, ich erwartete einen übel gelaunten Jürgen Klopp danach zum Interview. Ich wollte mich unbedingt noch für meinen Fauxpas entschuldigen, also ergriff ich trotz der miesen Stimmung in den Katakomben der Veltins-Arena die Gelegenheit, als die Kameras ausgeschaltet waren. »Herr Klopp«, sagte ich zaghaft. »Ich möchte Sie um Verzeihung bitten. Es tut mir wahnsinnig leid, dass ich Ihren Vater gegrüßt habe. Ich wusste nicht, dass er bereits gestorben ist. Bitte entschuldigen Sie.« Wieder kämpfte ich mit den Tränen.

Und dann geschah das für mich Unfassbare. Dieser Baum von einem Mann, der gerade eines der wichtigsten Spiele des Jahres verloren hatte, dem ich in dem Moment ungefähr so bedeutsam sein konnte wie ein benutztes Wattestäbchen, dieser Mann beugte sich zu mir herunter, legte den Arm um mich, drückte mich für einen kurzen Moment und sagte: »Aber das ist doch überhaupt kein Problem, mach dir keine Gedanken! Mein Vater ist für mich immer lebendig.«

Was für mich und viele Hater in den (a)sozialen Netzwerken ein unglaublicher Fehler war, existierte für ihn überhaupt nicht. Denn in seiner Wahrnehmung war sein Vater noch lebendig und damit all die Aufregung überflüssig. Meine Scham blieb noch eine Weile, aber dann zog auch sie langsam von dannen. Jürgen Klopps Empathie aber ist mir für immer im Gedächtnis geblieben.

»Fehler EXISTIEREN nicht.«

Fehler EXISTIEREN nicht. Was existiert, sind Hinweise darauf, in welche Richtung wir möglicherweise unsere Lebensführung dirigieren sollten. Natürlich gibt es auch tragische Unfälle, keine Frage. Und wenn Ihnen das Universum mit der Bratpfanne auf den Kopf haut, gilt es, Kurskorrekturen vorzunehmen. Meistens gibt sie das Leben ohnehin vor. Doch das hat überhaupt nichts mit Fehlern zu tun, sondern mit Verbesserungen, die Sie für sich vornehmen. Diese Veränderungen bedeuten Fortschritt in Ihrem Leben, bedeuten Wachstum und Fülle. Wo die Scham gern den »Fehler« sieht, liegt aber in Wahrheit die positive Kraft der Veränderung.

Wenn Sie zum Beispiel in der Arbeit eine Aufgabe bekommen, die Ihrer Natur nicht liegt, werden Sie sie womöglich nicht bewältigen. Was als »Fehler« erscheint, ist eher der Hinweis, dass Sie etwas ändern sollten. Vielleicht nimmt man Ihnen sogar etwas weg, und Sie schämen sich wieder im ersten Moment. Doch im Big Picture, also bei Betrachtung der Gesamtzusammenhänge, werden Sie feststellen, dass es sich um Hinweise für Sie handelt. Die »Weltenseele«, wie sie Paulo Coelho in seinem Weltbestseller »Der Alchimist« nennt, spricht zu Ihnen. Da geht es lang! Aus diesem Gesichtspunkt betrachtet, kommen wir wieder zum Schluss: Fehler EXISTIEREN nicht!

Jetzt werden Sie einwerfen: Ja, aber als Sportreporterin reden Sie doch dauernd von »Fehlern«. Die zum Gegentor geführt haben zum Beispiel, da muss doch jemand etwas FALSCH gemacht haben. Die deutsche Neurose, immer das Schlechte zu sehen, immer das halb leere Glas zu betrachten, findet beim Fußball zugegebenermaßen ihren absoluten Höhepunkt. Nachweisbare »Fehler« allüberall, ein wahres Fest für die Scham und ihre kleine Schwester, die Angst.

Doch auch da widerspreche ich: Ein Spieler muss 10.000 Entscheidungen treffen im Spiel, und er tut dies immer im Glauben, das Richtige zu tun. Deshalb ist es auch hier nicht korrekt, von »Fehlern« zu sprechen. Der Kollege Zufall spielt ebenso eine Rolle wie der Gegner. Da nicht alle Komponenten immer berechenbar sind, verlässt sich der Profi auf seine Intuition, und in neun von zehn Fällen liegt er »richtig«.

Wenn er sich dann einmal für ein Abspiel entscheidet, das zufällig beim Gegner landet, so tut er dies nicht in der Absicht, irgendjemandem zu schaden. Die Definition von »Fehler« lautet: Abweichung von der Erfordernis oder Erwartung, die festgelegt, üblicherweise vorausgesetzt oder verpflichtend ist. Da man mehr aber nicht erwarten KANN, als dass jemand sein BESTES gibt, ist die Voraussetzung der Definition auch hier nicht erfüllt. Es mag spitzfindig klingen, doch ich will nur Ihren Blick auf Ihr eigenes Denken schärfen.

Kleiner Tipp: Die »Arbeit an sich selbst« können Sie übrigens an dieser Stelle auch sofort loslassen. Sie sind perfekt, so wie Sie sind. Die unablässige Sucht, sich irgendwie zu verbessern, ist der direkte Weg zurück in die Scham. Sie sind ein perfektes Wesen in einem wunderbaren Körper. Sie haben den höchsten Standard längst erreicht, mehr geht einfach nicht! Genießen Sie es. Fehlerlos, schamlos und unbeschwert.

DIE LISTE

Auf einer meiner Reisen nach Indien begegnete ich einem wunderbaren Menschen namens Gopi. Er arbeitete bei Google in den USA, stammte aber aus einem kleinen Dorf in der Nähe von Thrissur. Mit warmherzigen Augen erzählte dieser Mann von seiner Kindheit in Kerala, von seinem langen und steinigen Weg aus einem indischen Dorf zu einem Weltkonzern im Silicon Valley. Er berichtete von dem Leben zwischen zwei Kulturen, dem Job bei einem Internetriesen (»Ich sage nie mein wahres Alter, man muss da ja immer sehr jugendlich rüberkommen«) und den Besuchen bei der Mutter, dem Tod des Vaters vor etwas mehr als einem Jahr und dem Schmerz, den er darüber immer noch empfand. Wir führten über mehrere Tage lange Gespräche, und sowohl sein Lebenslauf als auch seine Haltung zum Leben beeindruckten mich.

Eines Morgens fragte er mich, was ich mir denn für das kommende Jahr vorgenommen hätte. Ich schaute ihn etwas fragend an. Nun ja, äh, nichts. »Wenn's ein bisschen besser wäre als das Letzte, wär' ich schon zufrieden«, sagte ich. Gopi ging zu seinem Rucksack und zog einige Blätter heraus. Dann präsentierte er mir eine mehrseitige Liste mit klar strukturierten Feldern und diversen Unterpunkten. Was aussah wie ein Businessplan, entpuppte sich aber als seine persönliche Bucket-Liste. Gopi gliederte seine Jahres-Wunschliste in die Felder:

A: Beruf
B: Persönliches
C: Gesundheit
D: Finanzen
E: Spiritualität/Religion

Ich staunte nicht schlecht. Natürlich war mir bewusst, dass sich auch in unserem Kulturkreis viele Menschen für das neue Jahr ein paar Dinge vornehmen, aber das ging doch mehr in die Richtung weniger Kohlenhydrate und mehr Sport, mit dem Rauchen aufhören und die Eltern öfter besuchen.

Bei Gopi sah das deutlich differenzierter aus. Und es war bei Weitem nicht so, dass er diese Liste an Silvester erstellte und sie dann erst nach 365 Tagen wieder hervorholte! Keineswegs, er tüftelte wöchentlich daran und modifizierte immer wieder seine Ziele. »Du darfst dich nicht überfordern, aber du solltest auch nicht zu tief stapeln«, sagte er. »Wenn du zum Beispiel eine Geldsumme, die du erwirtschaften willst, auf deine Liste setzt, so sollte sie präzise sein und nicht völlig aus der Luft gegriffen.« Bei ihm stand dort ein relativ großes Sümmchen. »Ich habe diesen Betrag mittlerweile zusammen, aber diese Summe stand schon da, als ich nichts hatte.«

In den Bereich »Persönliches« fallen Dinge wie

- eine neue Sprache lernen,
- ein Land bereisen, in dem man noch nie war,
- ein Buch pro Monat lesen oder
- jeden Tag jemanden zum Lächeln bringen.

Ich machte mich an die Arbeit. Rasch wuchs meine Liste auf weit über 80 Punkte an. Es ging unglaublich leicht, und sobald ich einmal angefangen hatte, flossen mir berufliche und persönliche Ziele nur so aus der Feder. Ich wollte mich weiterentwickeln, als Persönlichkeit, als Mensch, ich wollte Dinge tun, die ich schon lang vernachlässigt hatte, ich wollte ein Leben führen im Einklang mit meiner Seele.

Und so zählte ich auf: »Ein weiteres Buch schreiben, erste Vorträge halten, wieder Gesangsunterricht nehmen, jeden Tag mindestens eine Stunde mit dem Hund rausgehen, Schlafenszeit vor 23 Uhr, tägliches Hanuman-Gebet, Meditationsunterricht nehmen bei Dr. Bauhofer. Sei freundlich zu dir selbst, sei freundlich zu anderen, in eine Wohnung mit einer besseren Energie ziehen, näher an der Natur, kreiere eine Beziehung mit einem Mann, der dich achtet, lächle, versuch die Welt zu einem besseren Ort zu machen …« Und, und, und.

Schon als ich meine Liste verfasste, fiel mir auf, wie gut mir das tat. Jahrelang hatte ich Angst davor gehabt, meine Ziele zu formulieren, in der vorauseilenden Panik, sie NICHT zu erreichen und mich dann postwendend wieder schämen zu müssen! Um die Scham zu vermeiden, setzte ich mir schon gar keine Ziele mehr. Doch als ich begann, die einzelnen Punkte zu formulieren, realisierte ich einerseits, wie dankbar ich schon war für all das, was mir das Leben geschenkt oder wofür ich knüppelhart gearbeitet hatte.

»Um die Scham zu vermeiden, setzte ich mir schon gar keine Ziele mehr.«

Andererseits spürte ich auch, wie ich mich innerlich auf die Aufgaben vorbereitete. Der Hirnforscher Dispenza nennt das »das Gehirn schon mal bereitmachen«[68]. Durch die schriftliche Manifestation meiner einzelnen Ziele visualisierte ich bereits die nächsten Schritte. Überall warteten neue, spannende Herausforderungen. Plötzlich fühlte ich mich nicht mehr überfordert, sondern ich freute mich darauf! Das Leben erschien plötzlich als reich gedeckter Tisch, von dem man sich bedienen durfte, nein, bedienen musste.

Von Gopi erhielt ich auch noch einen entscheidenden Hinweis: »Du wirst nicht alle Punkte abarbeiten, nicht alle Ziele erreichen können. Das macht aber nichts. Du kopierst sie einfach ins nächste Jahr«, lachte er. Das Leben und seine neuen Aufgaben sollten sich mühelos entfalten, nicht durch immensen Druck oder fürchterliche Anstrengung. Indem ich die Liste einmal geschrieben hatte, dachte ich, konnte ich mich zumindest daran entlanghangeln. Hier stand es schwarz auf weiß, so wollte ich leben, so wollte ich sein. Hier las ich meine eigens verfasste Bestimmung. Jessica 4.0. No Shame!

Und das Verrückte daran: Schon nach wenigen Wochen begann die Liste für mich zu arbeiten. Ich musste fast NICHTS tun. Ein neues Buch schreiben stand dort zum Beispiel. Durch Zufall traf ich meinen früheren PR-Agenten, dem ich von meinen Plänen erzählte, und kurz darauf saß ich bei einem großen Münchner Verlag im Büro und erzählte zunächst zaghaft, dann immer sprudelnder von meiner Idee. Der Geschäftsführer und die Verlagsleiterin waren sofort begeistert – und wir besiegelten schnell den Vertrag für dieses Buch, das Sie jetzt in Händen halten.

Zwei Monate nach Verfassen der Liste mit dem Wunsch nach einem respektvollen und achtsamen Partner trat mein Ehemann in mein Leben, der mich auf Händen trägt und mir jeden Wunsch erfüllt. Sollten Sie selbst eine Liste erstellen wollen mit den Eigenschaften des nächsten Partners, so empfehlen Gopi und ich auch hier: Präzision. Machen Sie sich JEDEN Punkt klar, den Sie sich wünschen. Und beginnen Sie mit den einfachen Dingen: männlich, weiblich, Single, Alter etc. Denken Sie daran: Je klarer Sie sind, umso leichter gelingt die Umsetzung.

Ich nahm den Meditationsunterricht und gehe schön lange mit dem Hund spazieren. Ich habe endlich Ordnung in meine Finanzen gebracht und würde sagen, dass ich schon jetzt mehr als zufrieden mit dem »Output« der Liste bin.

Es spielt auch überhaupt keine Rolle, ob Sie Ihre Liste an Neujahr oder einfach dann schreiben, wann es Ihnen passt. Ich kann Ihnen nur raten: Tun Sie es! Allein der Fokus, den Sie dadurch auf sich selbst richten, wird Ihnen neue Impulse geben. Und wenn Sie sich Reichtum wünschen, denken Sie daran: Geld macht nicht reich, Freude dagegen schon. Sie werden feststellen, dass es Ihnen gelingen wird, sich selbst zu inspirieren. Ich wünsche Ihnen viel Freude dabei.

NEHMEN SIE NICHTS PERSÖNLICH!

Es gibt wenig Zweifel daran, ich kenne mich aus mit Kritik (das Fußballmagazin 11 Freunde bezeichnete mich einst sehr charmant als »pferdehaft«, ein anderes Magazin als »Tiefpunkt der TV-Berichterstattung«). Die meisten meiner Kolleginnen müssen sich ausschließlich nach Äußerlichkeiten bewerten lassen, selbst Fachmagazine (!) kürten die »heißeste Sportjournalistin«. Ich habe lang unter den mehr oder weniger willkürlichen Anschuldigungen und auch Beleidigungen gelitten. Das Internet war der Marterpfahl meines Selbstbewusstseins, ich habe meine Scham auch noch damit befeuert, dass ich mir gemeine Twitter-Spitzen nach jeder Sendung durchgelesen habe. Das macht aus Sicht der Scham durchaus Sinn, denn für sie ist das ein gefundenes Fressen.

Doch eines Tages begann ich, mir die Accounts der Kritiker anzuschauen, sei es bei Facebook oder Twitter. Und ich stellte fest: Nicht ein einziges Mal handelte es sich um eine fröhliche, humorvolle oder zufriedene Person. Es waren echte Hater, die wirklich ausschließlich herablassende oder gar verstörende Postings erstellten. Zudem bemerkte ich, dass sich oft ein Zusammenhang herstellen ließ zwischen der Niederlage ihres Lieblingsvereins und meiner Berichterstattung. Ich war also gewissermaßen die Überbringerin der schlechten Nachricht, und wie wir wissen, ist zu früheren Zeiten ja oft auch der Bote geköpft worden …

Als ich mich also mit diesen Menschen beschäftigte, begann ich, Mitleid zu empfinden, denn ich wusste: Es hat nichts mit mir zu tun. Ihre Innenwelt war nicht in Ordnung, da war ich nur der

Blitzableiter! Natürlich war es blöd und regelrecht gemein, mich für ihre schlechte Stimmung verantwortlich zu machen, aber auch da, das wurde mir bewusst, steckte ein Mensch mit vielen Problemen und großer Scham dahinter.

Was andere über mich sagen, sagt viel mehr aus über sie als über mich! Denken Sie mal drüber nach!

Der amerikanische Kultmoderator Jimmy Kimmel hat übrigens das Twitter-Bashing umgedeutet und die Rubrik »Mean Tweets« entwickelt, bei der Prominente gemeine Postings über sich selbst vorlesen. Sogar der damalige Präsident Barack Obama hat mitgemacht. Dadurch, dass die »Gepeinigten« die Tweets selbst vorlasen, begann die Scham sich aufzulösen, und es entstand ein sehr befreiendes Experiment, an dem die Crème de la Crème Hollywoods partizipierte. Auch mein Sender ließ uns solche Tweets vorlesen, und ich muss sagen: Es hat großen Spaß gemacht. Mein Liebling lautete: »Ich würde Jessica nicht von der Bettkante stoßen – mein Gott, was ist nur heute mit mir los.« Dadurch, dass wir die Hate-Tweets aus dem Verborgenen holten, raubten wir ihnen sämtliche Kraft. Und wir nahmen sie einfach nicht mehr persönlich.

Jeder Mensch lebt nach seiner eigenen Agenda, er kann die Welt nur aus seiner eigenen Wahrnehmung betrachten. Können Sie sich noch erinnern, dass Ihrer Mutter früher nicht gefallen hat, wie Sie sich angezogen haben? Sie haben sich geärgert oder geschämt, aber auch diese vermeintliche Kleinigkeit hatte nichts mit Ihnen zu tun. Oft geraten wir in der Interaktion mit anderen in Konflikte, weil wir glauben, ihre Botschaften zu erkennen, und oft fühlen wir uns dann angegriffen.

Aber woher wissen Sie denn, dass Sie recht haben? Vielleicht meint Ihr Gegenüber es ganz anders? Wir ersparen uns sehr viel Leid und schlechte Laune, wenn wir uns angewöhnen, die Dinge eben nicht persönlich zu nehmen. Wir können den anderen nicht beeinflussen, unsere Wahrnehmung aber schon. Hier sind wir wieder beim inneren Spiel, das nur Sie selbst gewinnen können. Selbst wenn Sie glauben, einen Menschen zu lieben, so ist es doch auch das Streben nach Verbundenheit, nach Aufmerksamkeit, der Abgleich mit den eigenen Erfahrungen, die Ähnlichkeit zu einem Elternteil etc., was uns antreibt. Da passen zwei Gehirne zusammen inklusive des emotionalen Erlebens. Sollte sich aber der Angebetete NICHT unsterblich verlieben, so hat es ebenfalls nichts mit Ihnen zu tun. Wie viele unendlich lange und komplett unnötige Spekulationsgespräche über den Inhalt von WhatsApp-Mitteilungen haben Sie schon geführt? Da wurde in Drei-Wort-Nachrichten mehr hineininterpretiert als in die UN-Charta der Menschenrechte ...

Wir sind aber so gut wie nicht in der Lage, die Wahrnehmung eines anderen zu beeinflussen. Wir können niemanden zwingen, uns zu lieben, und genauso wenig können wir uns zwingen, uns zu verlieben. Liebe bleibt zwar eine Geisteshaltung und vielleicht auch eine tägliche Entscheidung, aber die können wir nur selbst fällen.

Für mich hat sich noch etwas Erstaunliches ergeben: Seit ich mich nicht mehr für mich selbst schäme, haben die Gemeinheiten aus dem Internet deutlich abgenommen. Es kommt mir so vor, als hätten die Hater keinen Platz mehr in einem schambefreiten Leben. Im Gegenteil, es sind fast ausschließlich freundliche Rückmeldungen, die mich erreichen. Und auch wenn ich DAS ebenso wenig persönlich nehme wie die frühere Kritik, es freut mich natürlich dennoch – und an dieser Stelle: danke dafür, ein Hoch auf euch!

WARUM NICHTSTUN MANCHMAL DIE BESTE LÖSUNG IST

Einen sehr praktischen Tipp für ein schambefreiteres Leben erhielt ich bei der Studie der Bücher und Gespräche von Jiddu Krishnamurti. Der indische Gelehrte gilt als einer der radikalsten Philosophen Indiens. Ende des 19. Jahrhunderts in Südindien geboren, erlangte er weltweite Bekanntheit durch seine strikte Ablehnung von jeglichen geistigen Führern und Religionen. Eine seiner Grundaussagen: Nur wer den eigenen Geist beobachtet, wird frei. Oder: Es ist kein Anzeichen von seelischer Gesundheit, an eine zutiefst gestörte Gesellschaft angepasst zu sein.

Jiddu Krishnamurti und sein Bruder wurden als Kinder von der Präsidentin der Theosophischen Gesellschaft adoptiert, einer damals durchaus mächtigen Organisation, die Wissenschaft, Religion und Philosophie zu vereinen suchte. Sie verkündete, dass Krishnamurti künftig der Weltlehrer, der »Erlöser« sein würde, dessen Erscheinen diese Religionsgruppe schon vor langer Zeit prophezeit hatte.

Doch Krishnamurti tat nicht, wie ihm geheißen. Anstatt sich in die Rolle des Erlösers drängen zu lassen, löste er die Organisation 1929 auf und sagte sich von sämtlichen Glaubensrichtungen los.

Hallo! Der junge Mann hatte Rückgrat! Krishnamurti wurden zu einem der größten geistigen Revolutionäre des 20. Jahrhunderts. Die Lektüre des Buches »Einbruch in die Freiheit« ist wirklich zu empfehlen, mir brannte sich dabei vor allem ein Satz ein: »Ich höre auf zu handeln, wenn ich verwirrt bin.«[69] Jede Handlung, die aus Verwirrung geboren wird, führt nämlich zu weiterer Verwirrung. »Solches Nichthandeln ist vollkommene Handlung.«[70]

Wer kennt das nicht? Sie fühlen sich in der Klemme, haben ein »Problem« im Job und wissen keinen Ausweg. Sie wollen E-Mails verfassen, sich beschweren, auf den Busch klopfen oder gar kündigen. Aber Sie fühlen nicht, was das Richtige ist. Dann tun Sie nichts. Absolut nichts.

Ein schambehafteter Mensch, der sich vor Fehlern fürchtet oder aus Angst vor der Nachrede der Faulheit in maßlosen und oft ebenso sinnlosen Aktionismus stürzt, wird in diesen Worten Erleichterung spüren. Das Prinzip des »Nichthandelns« wird auch in der ältesten chinesischen Weisheitslehre, dem Taoismus behandelt, dort heißt es »Wu wei«[71]. Wörtlich übersetzt bedeutet es so etwas wie »Nichtstun« oder »Nichthandeln«. Bitte verwechseln Sie das auf keinen Fall mit Faulheit oder Trägheit. Die beiden Genossen stehen auf einem völlig anderen Blatt. Die Kunst liegt darin, Herausforderungen weniger mit dem Intellekt, sondern mehr mit unserer Intuition zu begegnen. Wir wollen dem »Tao«, also sowohl unserer inneren Autorität als auch allen Feinstofflichkeiten des Lebens, nicht ins Handwerk pfuschen. Die Probleme lösen sich dann, wenn Sie einen Handlungsimpuls durch Ihre Intuition bekommen. Und viele lösen sich ohnehin von allein in Luft auf.

So bezeichnet »Wu wei« auch eine Haltung der Mühelosigkeit: Die wesentlichen Dinge geschehen von allein, und es ist schon viel getan, wenn wir ihnen nicht im Weg stehen.

Aus diesem Grund ist ein Eingriff ins Tao, wenn wir uns nicht absolut sicher sind, es nicht zu 100 Prozent fühlen und wissen, dass wir das Richtige tun, nicht zu empfehlen. Das bedeutet: Wir handeln, indem wir nicht handeln. Dafür müssen wir uns dann auch nicht schämen, denn wir lassen das Tao dadurch zur Entfaltung kommen. Meine Freundin Annelie sagt immer: »Die Situation muss sich offenbaren.« Viele Entscheidungen lassen sich erst fällen, wenn alle Karten auf dem Tisch liegen, und dafür braucht es Zeit. Eine meiner besten Freundinnen hat sich mit dem Wu-wei-Prinzip durch eine schlimme Scheidungskrise manövriert. Immer wenn sie sich nicht sicher war, wie der nächste Schritt aussehen sollte, tat sie erst einmal nichts. Am Ende lösten sich die meisten Situationen zu ihren Gunsten – und sie behielt vor allem ihre Würde, ihre Nerven und ihre Firma.

Ich bewunderte sie sehr. Jedes Mal, wenn sie mir vom nächsten Tiefschlag durch ihren Ex berichtete, sagte sie irgendwann: »Wu wei. Das ist das beste Prinzip.« Eine andere Freundin, ebenfalls geschieden, berichtete: »Wenn man gar nicht mehr weiterweiß, kann man das Gefühl für die richtige Richtung entwickeln. Manchmal kann man den gordischen Knoten nicht durchschlagen, weil es einfach zu sehr wehtut. Aber man kann jeden Tag versuchen, die richtige Richtung zu finden. Und plötzlich ist man durch.«

Bitte missverstehen Sie mich nicht. Die Kunst des Nichthandelns bedeutet nicht Ohnmacht. Sie bedeutet vielmehr, dass sich Ihre Welt in Ihrem Rhythmus für Sie entfalten kann. Dann sind Sie auch frei von schmerzlichem Anhaften, weil Sie einfach beobachten, wie sich die Dinge entwickeln. In dieser Freiheit haben Furcht und Scham keinen Boden, auf dem sie sich entfalten können. Und wie gesagt: Es ist ja schon eine Menge getan, wenn Sie dem Tao nicht im Weg stehen!

NO

REGRETS

Nimm deine **MEDS!**

Heimkehr zur Wurzel heißt: Stille.
Stille heißt: Rückkehr zur Bestimmung.
Rückkehr zur Bestimmung heißt: Ewigkeit.
Erkennen des Ewigen heißt: Erleuchtung.

LAOTSE

WAS SIND DIE MEDS?

Bevor wir uns den MEDS widmen, möchte ich eines vorausschicken: Es folgt an dieser Stelle keine Anleitung zur Selbstoptimierung! Wir brauchen definitiv nicht noch mehr Regeln, nicht noch mehr Messlatten, die wir schlafwandlerisch unterschreiten, um uns mal wieder richtig schön zu schämen. Wir haben uns jetzt mit den Ursachen der Scham und ihren Folgen beschäftigt, wir haben verschiedene Disziplinen und Philosophien kennengelernt, die den Blick auf unser Dasein verändern können, doch um die Scham wirkungsvoll und nachhaltig einzudämmen, müssen wir eine andere Ebene betreten. Action, please!

Für mich war es sehr wichtig, eine kleine Anti-Scham-Routine zu entwickeln, die sich leicht in den Alltag integrieren lässt und wirklich hilft. Kleine Rituale sorgen für mehr Stabilität und weniger Angriffsfläche für die Scham. MEDS kommt von der englischen Kurzform für Medikamente. In den USA heißt es: »Take your Meds«, also »Nimm deine Medikamente«. Keine Sorge, hier werden keine Pillen verschrieben, aber um die Scham auf Distanz zu halten, sind unsere »Medikamente« hochwirksam und sollten in kleinen Dosen regelmäßig angewendet werden. Es gibt genau wie in der Pharmazie langfristig angelegte Therapien und kurzfristige Helferlein.

Wir erinnern uns an unseren Teufelskreis der destruktiven Scham auf Seite 40, der aber dankenswerterweise kein Kettenkarussell ist, aus dem Sie nur an ganz bestimmten Stellen und zu ganz bestimmten Zeiten ausbrechen können. Sie können JEDER-

ZEIT aussteigen. Wann immer Sie spüren, dass sich die Scham breitmacht – aussteigen! Schweigen Sie, lassen Sie sich auf keine Diskussion ein, steigen Sie aus. Lassen Sie sich von Ihrem Hirn nicht alles gefallen. Lassen Sie den inneren Diktator reden, aber steigen Sie aus! Denken Sie an die wichtigste Frage in diesem Zusammenhang: Bestrafe oder belohne ich mich gerade?
Wenn Sie feststellen, dass Sie sich mit Ihrem Denken und Handeln gerade bestrafen, haben Sie schon viel gewonnen. Allein dadurch haben Sie sich bereits eine Brücke aus der akuten Scham gebaut! Sie wissen jetzt, wo es langgeht. Hier hilft nun eine kleine Übung, um sich wieder mit sich selbst anzufreunden: Schließen Sie die Augen und gehen Sie kurz in die Dankbarkeit. Erinnern Sie sich an mindestens drei Dinge, Personen oder Ereignisse, für die Sie dankbar sind. Wir wissen, die Dankbarkeit aktiviert den Vagusnerv, dadurch können Sie der hysterischen, akuten Scham eine wirksame Falle stellen. Sie werden sich automatisch beruhigen.

Gönnen Sie sich einen kurzen Moment der Selbstliebe mit dem Satz: »Ich liebe mich bedingungslos.« Wichtig ist auch hier das »bedingungslos«, damit die Scham kein Hintertürchen findet.

Die zweite »Hürde«, die wir aber gemeinsam locker nehmen werden, besteht darin, der Scham langfristig keine Chance zu lassen. Bei einem durchlässigen Menschen, der mit sich im Reinen ist, ist der Seelensumpf weitestgehend trockengelegt. Und diese Trockenlegung erreichen wir mit unseren MEDS. Zur Schamprävention finden sich vier große Komponenten zusammen:

- Meditation
- Ernährung
- Dynamik
- Schlaf

Keine Sorge, es geht NICHT um versteckte Selbstoptimierung, sondern vielmehr um ganz praktische Tipps, wie Sie im Einklang mit Ihrer Seele ein wundervolles Leben führen können. Und es wird Sie so gut wie keine Zeit kosten! Deshalb beginnen wir mit einer Übung, die nicht mal eine halbe Minute dauert.

Die Perspektive ändern: ab auf den Stuhl!

Wir leben in einer Gesellschaft, die täglich neurotisch Fahrt aufnimmt, aber wir verlieren so gern das Rennen gegen uns selbst. Deshalb ist die erste und wichtigste Medizin für ein schambefreites Leben die Entschleunigung. Werfen Sie einen Blick zurück, was Sie schon alles geschafft haben! Werfen Sie einen Blick auf Ihre Lebensleistung, und ich bin mir zu 100 Prozent sicher, dass die RIESENgroß ausfällt. Das bedeutet: Es ist Zeit zu ernten.

Selbstvertrauen ist der größte Feind der Scham, deshalb müssen wir versuchen, es zu stärken – und zwar konsequent. Wenn Sie Vertrauen in sich selbst aufbauen wollen, so braucht es dazu Verlässlichkeit und Zeit. Wenn ich mich oder mein Gegenüber nicht respektiere, ständig zu spät komme, mich nicht wie angekündigt melde, so wird sich wenig entwickeln können, was an Vertrauen auch nur heranreicht. Wie oft habe ich mir vorgenommen, viel häufiger Sport zu machen, weniger zu essen oder andere sinnfreie Selbstkasteiungen durchzuziehen. Wir nehmen uns so viel vor, dass wir den Berg unmöglich bewältigen können. Deshalb sollten wir uns selbst nur Dinge versprechen, die wir auch wirklich einhalten wollen, um unsere Integrität nicht zu beschädigen.

Aber was tun? Wir wollen das Vertrauen in uns selbst, also das Selbstvertrauen, stärken – und zwar mit einer Übung, die mir in der Praxis am hilfreichsten war: Jeden Morgen, direkt nach dem Aufstehen, stellen Sie sich auf einen Stuhl, atmen tief durch und wählen einen Satz für sich, der Ihnen guttut. Für mich war es: »Tag, ich erwähle dich, mit allem was du mir bietest.«

Diese Übung, die von Jens Corssen seit über zehn Jahren selbst praktiziert wird, trägt mit gleich mehreren Komponenten zu unserem Selbstvertrauen bei. Zum einen hilft uns schon der morgendliche Perspektivenwechsel, um sozusagen auf die Meta-Ebene zu gehen. Man verlässt kurz das Gewohnte, nimmt Haltung an, wird sich seiner selbst bewusst und wacht gewissermaßen ein zweites Mal am Tag auf.

Zum anderen ist die Botschaft an den Tag gerichtet: »Schicksal, ich bin vorbereitet, was auch immer du mitbringst für mich, ich bin dabei.« Ein positives Signal, das Sie durch den Tag tragen soll. Falls dann wirklich etwas Unvorhergesehenes passiert – ob positiv oder negativ –, sind Sie bereits darauf eingestellt. Ein wichtiges Prinzip auch aus der Hirnforschung, denn so bereiten wir unser Gehirn vor auf den Tag und seine Herausforderungen. Erinnern Sie sich daran, dass Sie die Situation bereits heute Morgen als Möglichkeit erwählt haben. Damit sind Sie schon mal raus aus der Opferrolle. Jetzt fragen Sie sich: Was kann ich tun, um die Situation zu verbessern?

Die Übung stärkt des Weiteren die Willenskraft, denn wir werden sie mindestens 21 Tage lang täglich praktizieren. Sie werden feststellen: Es ist machbar. Und wenn Sie all das zusammennehmen: Perspektivenwechsel, Vorbereitung auf alle möglichen Hindernisse und Herausforderungen, dazu das gute Gefühl, bereits etwas »geschafft zu haben«, die Abkehr von der Opferrolle – das alles bringt schon mal einen prima Start in den Tag.

Der Sohn eines guten Freundes von mir ist elf Jahre alt und spielt seit seinem fünften Lebensjahr Fußball. Leon war unglaublich begabt, aber er hatte nach einer Verletzung nicht nur das Vertrauen in sein Talent, sondern auch seinen Platz in der Mannschaft verloren. Ich besuchte ihn einmal bei einem Spiel, wo er zwar gute Ansätze zeigte, aber nach mehreren Fehlpässen regelrecht einknickte. Seine ganze Körpersprache zeigte, dass er sich innerlich vom Spiel verabschiedet hatte. Nach dem Spiel war er völlig verunsichert. Zeitgleich zeigte sein Vater Tendenzen zum sportlichen Übereifer, was es dem Jungen natürlich noch schwerer machte. Er hatte zwar die Begabung, aber noch nicht das psychische Rüstzeug, um im Spiel zu bestehen und es auch noch seinem Vater recht zu machen.

Nach dem Spiel eröffnete ich dem Vater, dass ich der Meinung sei, Leon müsse sich mal auf den Stuhl stellen. Ich erklärte ihm die Hintergründe der Übung und ließ ihn damit allein. Er sollte selbst entscheiden, ob er versuchen wollte, seinem Sohn die

Übung zu erklären. Einige Wochen später fragte ich vorsichtig nach, wie es denn Leon ging. Sein Vater jauchzte regelrecht auf: »Sehr gut, er steht jetzt jeden Morgen auf dem Stuhl«, berichtete er stolz. »Und wie geht's im Verein?«, fragte ich ergänzend. »Sensationell«, frohlockte der stolze Papa. »Er ist jetzt wieder Stammspieler und hat in jeder Partie mindestens vier Tore geschossen.«

Kleiner Tipp: Sie können die Satzformeln natürlich beliebig verändern, und wenn Sie das Ritual wirklich täglich durchführen, werden Sie merken, dass es Sie stabilisiert! Lassen Sie sich inspirieren von der Kraft dieser Übung, sie wird Sie beflügeln. Und wenn Sie es mal vergessen – völlig wurscht. Denken Sie an den KVP – am nächsten Tag einfach wieder auf den Stuhl. No Shame!

MEDITATION

DIE SEELE REINWASCHEN

Die Beatles steckten 1968 in einer kreativen Krise. Die Band fühlte sich eingerostet, ihr fehlten die musikalischen Ideen. Und so beschlossen Paul McCartney, John Lennon, George Harrison und Ringo Starr nach Indien zu reisen, um dort den Guru Maharishi Mahesh Yogi zu treffen. Der Ashram lag in der sagenumwobenen Stadt Rishikesh, am Fuße des Himalaja. Hier, nach einer mehrtägigen Reise, fanden die Beatles endlich die Ruhe, um der Welt zu entflichen.

Schon nach wenigen Tagen flossen die Songs wieder mit Leichtigkeit aus den Federn der Fab Four. »Ob-La-Di, Ob-La-Da« sang zum Beispiel das Ensemble eines Dorfkinos, als John, Paul, Ringo und George einen Fackelzug zum Ganges antraten. Klingt doch nett, dachten sie sich, und schon war der nächste Welthit geboren. Insgesamt schrieben Lennon und McCartney mehr als 40 Lieder in Rishikesh, während sie bei Maharishi die Transzendentale Meditation lernten, die meisten der Songs landeten auf dem berühmten »White Album«.

Die Meditation bei Maharishi hatte ganz sicher entscheidend dazu beigetragen. Der weltberühmte Fotograf Peter Lindbergh, der ebenfalls Transzendentale Meditation praktiziert, wie sie Maharishi Mahesh Yogi lehrte, sagte einmal: »Ohne Meditation wäre ich nie zum dem geworden, der ich heute bin.«[72]

Hand aufs Herz: Mir war dieses »Setz-dich-hin-und-schließ-die-Augen«-Ding immer fürchterlich fremd. Als bodenständiges Mädchen aus der Pfalz ging mir nicht einmal das Wort über die Lippen. Meditation, puh. Was sollte das schon bringen? Keiner in meiner Familie hätte sich je in den Lotossitz gezwängt, geschweige denn einem Guru sein Ohr geschenkt. Guru, allein das Wort war doch schon anrüchig! Man dachte automatisch an die verpönten Sektenanhänger, die sich in orangefarbenen Gewändern in Ekstase tanzten und ihr ganzes Erspartes eben einem solch dubiosen »Guru« in den Rachen warfen. Empörend!

Doch ich sollte wieder einmal eines Besseren belehrt werden.

»Bekämpfe nicht die Finsternis. Bring das Licht, und die Finsternis wird verschwinden«[73] war ein Mantra Maharishis. 2008 starb er mit ungefähr 91 Jahren in den Niederlanden. McCartney lobte ihn nach seinem Tod: »›Meine Erinnerungen an ihn werden immer erfreuliche sein. Ein großer Mann, der unermüdlich für die Weltbevölkerung arbeitete.‹ Und Ringo Starr: ›Einer der wenigen weisen Menschen, die ich in meinem Leben getroffen habe, war der Maharishi. Ich war immer beeindruckt von seiner Lebensfreude – und ich bin ganz sicher, dass er wusste, wo er hingeht.‹«[74]

Ein Guru, so durfte ich lernen, ist überhaupt nichts Anrüchiges. Guru bedeutet einfach nur übersetzt »Lehrer«. Er wird in Indien hoch angesehen, was auf dem philosophischen Verständnis von der Bedeutung des Wissens im Hinduismus basiert. Der Lehrer ist für den Schüler unentbehrlich auf der Suche nach Wissen und dem Weg zur Erlösung. Bis heute hat der Titel in Indien und unter den Anhängern der genannten Glaubensrichtungen seinen bedeutsamen Stellenwert behalten. Im Tibetischen heißt der Guru übrigens »lama« – was überhaupt nicht negativ konnotiert ist.

Maharishi entwickelte eine besondere Form der Meditation, die den Geist mühelos in einen Zustand der Ruhe zu versetzen vermag und Stress auflöst. Dazu bekommt jeder Schüler ein eigenes Mantra, das ihm hilft, verschiedene Stressknoten auf unterschiedlichen Bewusstseinsebenen zu lösen. Ich würde es so formulieren: Die Seele wird in ihren Urzustand versetzt. Oder für Technikliebhaber: Der Geist wird auf die Werkseinstellungen zurückgesetzt.

Maharishi Mahesh Yogi trug lange Haare und einen Rauschebart, war um die 50 Jahre alt, als die Beatles ankamen, und schien beständig über Witze zu glucksen (die Medien nannten ihn »giggling guru«, den kichernden Guru). In weißes Leinen gehüllt und umrahmt von bunten Blumen, saß er im Schneidersitz auf dem Sofa und sagte Sätze wie: »Die Antwort auf jedes Problem ist, dass es kein Problem gibt.«[75]

Die Transzendentale Meditation geht zurück auf uralte vedische Schriften, die Vorboten des Hinduismsus. Ich durfte diese Meditationsform bei Dr. Ulrich Bauhofer erlernen, der selbst bei Maharishi studiert hat. Schon in der ersten Unterrichtsstunde bemerkte ich Erstaunliches. »Das Mantra ist nur eine zarte Idee«, sagte der »Doc«, wie ihn seine Freunde nennen. Mit freundlichen, weisen Augen und sanfter Stimme erläuterte er die Feinheiten der Meditation. »Gedanken sind wie Wolken, sie kommen und gehen. Wir werten sie nicht. Aber wenn wir merken, dass wir denken, bevorzugen wir das Mantra.«

Schon beim ersten Mal tanzten goldene Lichter vor meinem inneren Auge, es stellte sich eine wohlige Ruhe ein, und mir schien es, als könnte ich den wahren Kern meiner Seele betrachten. Ein Gefühl von unerschütterlicher Geborgenheit und Freiheit paarte sich mit unendlicher Energie. Nach einer Viertelstunde öffnete ich die Augen wieder und spürte Frische und Frieden. Ein Schüler von Dr. Bauhofer sagte einmal: »Ich weiß auch nicht, aber immer wenn ich meditiere, bin ich so glücklich!«

Das Mantra bleibt geheim, ich werde es nie jemandem verraten. Doch mein Gehirn hat sich nach mehrmonatiger Praxis mittlerweile so darauf eingestellt, dass ich – kaum denke ich die sprachlich übrigens bedeutungslosen Silben – automatisch mein Stresslevel senke. Wenn ich mit meinem Mann Tennis spiele und mal wieder keinen Ball treffe, schleicht sich manchmal mein Mantra ins Bewusstsein, und automatisch flutscht es wieder.

Mein Unterbewusstsein stellt mich dann anscheinend auf Meditationsmodus – und schon gelingen die Schläge wieder wie am Schnürchen. Mein Geist ist automatisch wacher, meine Muskeln gehorchen wieder, und ich spiele um zehn Klassen besser. Ich bin leistungsfähiger, ohne mich mehr anzustrengen.

Die positiven Auswirkungen der Meditation, die man übrigens bequem sitzend mit geschlossenen Augen ausübt und genauso gut zu Hause im Sessel wie im Flieger oder in der Bahn machen kann, lassen sich wissenschaftlich belegen: Sie senkt den Blutdruck, verändert die Hirnströme, führt zu verbesserter Herz-Kreislauf-Stabilität und wirkt elementar bei posttraumatischen Belastungsstörungen. Ängste und Süchte lassen sich mit Meditation leichter bewältigen. Auch die zwölf Jungen und ihr Fußballtrainer, die 2018 18 Tage in einer Höhle in Thailand gefangen waren und wie durch ein Wunder gerettet wurden, haben während der bangen Stunden des Wartens und des Hoffens meditiert, wie ein Video später zeigte. Meditationswissenschaftler glauben, dass die Jungen dadurch ihr Stresslevel immer wieder gesenkt haben. Zudem hätten sie ihre Atmung, ihre Herzfrequenz und ihren Stoffwechsel verlangsamt. Fakt ist: Diese Jungen überlebten die 18 Tage in der Höhle nahezu unversehrt.

»Meditation ist KEIN esoterischer Hokuspokus.«

Meditation ist KEIN esoterischer Hokuspokus, wie ich anfänglich dachte. Ich hatte auch überhaupt keine Ahnung, dass Yogaübungen eigentlich nur dazu dienen, Körper und Geist auf die Meditation einzustimmen und vorzubereiten. Noch heute muss ich offen zugeben, dass der Yogatrend mich nicht erfasst hat. Nur bei meinem indischen Freund Gopi macht mir Yoga wirklich Freude.

Aber Meditation macht nun mal glücklich. Der Serotoninspiegel steigt, und der Cortisolspiegel sinkt. Versuche mittels Hirnscans zeigten nach mehreren Wochen deutliche Veränderungen: Die graue Substanz (die uns zum Beispiel hilft, mit Stress umzugehen) nahm bei den Meditierenden signifikant zu. Immer mehr Menschen erkennen den positiven Nutzen dieser alten Techniken. Und es geht ganz leicht, sie spüren bereits nach wenigen Anwendungen Erfolge. Sie fühlen sich weniger gestresst, können besser schlafen, sind selbstbewusster und fühlen sich mehr im Einklang mit sich selbst. Auch die amerikanische TV-Göttin Oprah Winfrey hat gemeinsam mit dem indischen Gelehrten Dr. Deepak Choprah ein eigenes Meditiationsprogramm entwickelt. Wer keine Lust hat, einfach »rumzusitzen«, der kann auch Gehmeditation, Tai-Chi oder Qigong ausprobieren.

Mein Mann zum Beispiel praktiziert die von ihm erfundene Wellenmeditation. Dazu atmet er einfach so lang tief ein und aus und stellt sich vor, wie Wellen über seinen Körper spülen, bis sich sein Atem für ihn wie Wellen anhört. Das Wichtigste ist zunächst einmal, nach innen zu schauen, was ohnehin in unserer hektischen Welt kaum jemand mehr tut. Ich kann Ihnen allerdings versichern: Glück gibt es nicht da draußen und in der Suche. Glück liegt in Ihnen, genauso wie die Liebe. Sie können es nie verlieren, es ist immer da.

Bitte atmen! Bitte atmen!

Wie lang kann ein Mensch ohne Essen überleben? Eine Frage, die sich nur sehr individuell beantworten lässt. Mahatma Gandhis Hungerstreik gegen die britischen Besatzer dauerte 1933 ganze 21 Tage lang, zuvor soll der indische Sozialist Bhagat Singh sogar 116 Tage keine feste Nahrung zu sich genommen haben. Experten sind sich einig: Drei Monate sind im günstigsten Fall zu schaffen, viel trinken und eine gute Grundkonstitution vorausgesetzt. Ohne Wasser wird die Spanne deutlich kürzer, je nach äußeren Bedingungen variiert sie zwischen nur drei Tagen und einer Woche.

Aber ohne Sauerstoff?

Normalerweise werden wir schon nach 120 Sekunden bewusstlos, die ersten Gehirnzellen werden geschädigt – zunächst in der Hirnrinde, dann im Stammhirn. Nach fünf Minuten treten bereits irreversible Schäden auf, nach zehn Minuten ohne Sauerstoffzufuhr ist ein Mensch klinisch tot.

Heißt im Umkehrschluss: Das Wichtigste im Leben ist die Atmung. Dafür, dass wir es nur wenige Augenblicke ohne sie aushalten (wobei der Weltrekord im Luftanhalten bei sagenhaften 24 Minuten liegt), wird sie allerdings sehr stiefmütterlich behandelt. Eigentlich merken wir erst, dass wir Sauerstoff brauchen, wenn er mal knapp wird. Dabei ist unser Wohlbefinden unmittelbar an unsere Atmung gekoppelt! Das wissen paradoxerweise vor allem die Raucher (obwohl die sich wirklich nichts Gutes tun!), die zur Beruhigung zur Anti-Stress-Zigarette greifen.

Die Atmung spielt in jeder Meditationsform eine zentrale Rolle. Meine Lieblingsatemübung sieht so aus: Halten Sie sich mit dem rechten Daumen das rechte Nasenloch zu, und atmen Sie durch das linke tief ein. Wenn Sie genug Luft eingesogen haben, halten Sie für vier Sekunden den Atem an. Dann halten Sie sich mit dem kleinen Finger der rechten Hand das linke Nasenloch zu und atmen durch das rechte kräftig aus. Wenn alle Luft aus Ihren Lungen gewichen ist, holen Sie nun durch das rechte, immer noch offene Nasenloch tief Luft. Dann wieder vier Sekunden den Atem anhalten, Nasenloch wechseln, ausatmen. Das wiederholen Sie bitte neunmal.

»Über eine veränderte Atmung können wir unseren Geist ein Stück weit überlisten.«

Das Zusammenspiel von Atmen und Gesundheit ist hinlänglich erwiesen, immerhin atmen wir durchschnittlich etwa 25.920 Mal pro Tag. Über eine veränderte Atmung können wir unseren Geist ein Stück weit überlisten. Wie mit dem forcierten Lächeln, das unserem Gehirn bessere Stimmung suggeriert, funktioniert es auch über die Atmung.

Ein Beispiel: Eine Freundin litt an Panikattacken, bei denen ihr Atem immer sehr schnell wurde. Sobald sich ihre Atmung im normalen Leben veränderte, zum Beispiel durch Sport, kam auch die Panik wieder. So als wäre die Atmung direkt an die Psyche gekoppelt. Sobald sie ins Schnaufen geriet, bewirkte ihre

Atmung die Rückkopplung in die Panik. Als wäre sich das Bewusstsein nicht mehr sicher, wo Henne und Ei liegen. Die Hyperventilation wird in der Psychologie gern als Therapie und Provokationstest für Patienten mit Panikstörungen angewendet. Wer wirklich unter Panikattacken leidet, wird dann deutlich mehr Angst empfinden als Nichtbetroffene.

Diesen Effekt kann man sich im positiven Sinne zunutze machen. Wer schon mal während eines heftigen Streits oder in einer sehr angespannten Situation für einige Atemzüge tief, entspannt und langsam ein- und ausgeatmet hat, weiß, wie mächtig die Atmung ist – plötzlich denkt und fühlt man wieder klarer, Stress und Überforderung reduzieren sich auf ein erträgliches Maß, das Herz schlägt ruhiger.

Die Atmung wird normalerweise durch das vegetative System gesteuert und geschieht im Idealfall absolut mühelos, kann aber auch willentlich verändert werden. »Forscher der Universität Camerino (Macerata/Italien) kamen zu dem Schluss, dass Zwerchfellatmung als grundlegender Bestandteil von Pranayama, Yoga, Zen, Transzendentaler Meditation (TM) und anderen Meditationstechniken nicht nur entspannende und therapeutische Wirkung hat und Stress reduziert, mehr noch: Korrekte Zwerchfellatmung führt zu einem niedrigeren Level an oxidativem Stress und kann Athleten, die anstrengende Trainingsübungen ausführen, sogar vor der schädlichen Langzeitwirkung der freien Radikalen schützen.«[76]

»Konzentrieren Sie sich auf Ihre Atmung.«

Bewusste Atemübungen sind wirklich kinderleicht und überall praktikabel. Sie sitzen in einem langweiligen Meeting? Konzentrieren Sie sich auf Ihre Atmung. Sie stehen im Stau? Atmen Sie! Sie warten in der Schlange im Supermarkt – einfach mal ein bisschen Sauerstoff wegatmen! Das macht gute Laune und ist in den Augen vieler anerkannter Mediziner auch noch ein Quell der Jugend. Es kostet nichts, nicht einmal viel Zeit, muss nicht lang geübt werden und trägt maßgeblich zu Ihrer Gesundheit bei. Wenn das mal keine guten Nachrichten sind. Also: Bitte atmen!

ERNÄHRUNG

NO SHAME,
NO DIET!

Ja, liebe Leserin, lieber Leser, mir ist durchaus bewusst, dass wir uns hier auf dünnes Eis begeben. Vermutlich denken Sie: Ich soll mich doch nicht mehr schämen, warum also um Himmels willen kommt hier die nächste Ratschlagswelle Richtung Superbody? Das macht, und da gebe ich Ihnen unumwunden recht, überhaupt keinen Sinn!

Deshalb gleich vorweg: Sie sollen NICHT abnehmen! Nicht einmal, wenn Sie das wollen. Sie machen ab sofort mit mir einen Selbstversuch: Die nächsten 21 Tage werden Sie NICHTS, absolut GAR NICHTS unternehmen, um Ihr Gewicht zu verändern. No Shame, No Diet!

Aus zwei Gründen: Weil Sie schon längst perfekt sind und Ihr Körper Ihnen seit Jahren wunderbare Dienste leistet. Es wäre also endlich an der Zeit, ihn zu ehren und sich nicht für ihn zu schämen. Wir müssen die Trennung zwischen Geist und Körper endlich überwinden, diese Dualität ist nicht mehr als eine der Fehlvorstellungen Ihres Gehirns. Das Gehirn, der Verstand, das Ego forcieren den Wettbewerb – dabei sind sie keine voneinander getrennt operierenden Wesen, bei denen die Befehle von oben kommen und der Rest buckelt – sie sind eine Einheit!

Negative, zerstörerische Gedanken über Ihren Körper kommen dementsprechend einer beständigen Folter gleich. Wenn Sie die wundervolle Natur Ihres Selbst anerkennen, müssen Sie auch anerkennen, dass es ganz sicher nicht hilfreich ist, sich selbst ständig wie einen Feind zu behandeln. Und das tun die meisten von uns! Wir hadern mit unserem Körper, anstatt dankbar zu sein für das Wunder, das uns von Mutter Natur geschenkt wurde. Wir gehen unpfleglich mit ihm um, lassen ihn hungern, vergleichen ihn mit anderen und terrorisieren ihn ständig mit Mangel- oder Überernährung.

Was die Ernährung betrifft, sind wir mittlerweile eigentlich alle Profis. Wir meiden Kohlenhydrate wie der Teufel das

Weihwasser, wir zählen Kalorien auch ohne Taschenrechner in Windeseile und wissen, dass es sich beim BMI nicht um ein neues Fahrrad, sondern den Body Mass Index handelt. Der besagt auch, wann eine Person gesundheitsgefährdet ist, also an starker Fettleibigkeit leidet. Wenn er über 30 liegt (man teilt das Gewicht in Kilogramm durch die Körpergröße in Metern zum Quadrat), sprechen wir von Adipositas. In den USA ist ein Drittel der Bevölkerung adipös, in Deutschland sind es über 20 Prozent. In diesem Fall ist eine Gewichtsabnahme natürlich ratsam, allein aufgrund der medizinischen Indikation. Fakt ist aber, dass vor allem junge Frauen sich auch bei einem BMI von um die 20 im Netz beleidigen lassen müssen. Stellen Sie sich vor, ein Pharmaunternehmen würde eine Pille entwickeln, mit der Sie automatisch ohne Fitnessstudio einen durchtrainierten, sexy Körper bekommen würden. Ja, das würde sicher ein noch viel größerer Hit werden als die blaue Potenzpille Viagra, mit der der Pfizer-Konzern schon weit mehr als 15 Milliarden Dollar verdient hat. Viagra, so haben Versuche mit Nagetieren gezeigt, hilft übrigens auch beim Abnehmen. Es hält auch Blumen länger frisch, wenn man die Tabelle zerstößt und mit in eine Vase gibt. Das aber nur als Information am Rande.

»Ihr Schönheitsideal beginnt in Ihrem KOPF!«

Aber noch einmal: Models sind nur eine merkwürdige Laune der Natur! Und selbst die haben Cellulite! In Indien beispielsweise herrscht ein völlig anderes Schönheitsideal als in Europa, auf den Fidschi-Inseln sowieso. Und wer glaubt, dass alle Menschen so aussehen müssten wie die photogeshoppten Instagram-Mädels, dem empfehle ich einen Gang in eine öffentliche Sauna. Nur für den Realitätsabgleich.

Ihr Schönheitsideal beginnt in Ihrem KOPF! Wenn Sie sich und Ihren Körper als göttliche Einheit begreifen, gibt es keine Makel mehr. Sie sind ein 60-Billionen-Zellhaufen, der tägliche unzählige Wunder vollbringt. Dafür müssen wir unendlich dankbar sein. Ich erinnere an Dr. Vignesh: »Es ist das größte Geschenk, das Sie überhaupt auf dieser Welt bekommen können, dass Ihre Seele in einem menschlichen Körper geboren wurde.« Und so sollten wir diesen Körper behandeln! Also mit all der Wertschätzung, die dieses Geschenk verdient. Und genau deshalb macht es auch Sinn, ihn mit den RICHTIGEN Nährstoffen ausreichend zu versorgen. Sie wollen ja noch eine Weile was von ihm haben.

Ich habe, offen gestanden, lang überlegt, ob das Thema Ernährung überhaupt Eingang finden soll in dieses Buch, denn schnell sind wir damit bei der Selbstoptimierung. Aber mich hat eine Erkenntnis überzeugt, die perfekt in unser No-Shame-Schema passt: Wir sind oftmals gar nicht schuld, dass wir zunehmen.

Süß macht süchtig

Die einzige wirkliche Droge dieses Lebens heißt Zucker. Eine Studie am American College of Neuropsychopharmacology belegte eindeutig, dass Zucker im Gehirn die gleichen Reaktionen wie Morphine, Kokain und Nikotin auslöst. Um es anders auszudrücken: Zucker ist ein wahres Suchtmittel! Und wir sind die verblödeten Junkies, die nicht mal merken, wie sie am Haken hängen. Wir essen haufenweise gezuckerten Kram, und zwar nicht weil wir all das süße Zeug wirklich mögen, sondern weil wir richtiggehend davon abhängig sind (und sehr früh abhängig gemacht werden) und uns daher bloß einbilden, wir würden dieses Zeug gern essen. Das bedeutet: Hier geht ernährungstechnisch tatsächlich etwas gründlich schief. Und wir bewegen uns im Bereich der verdeckten Selbstbestrafung!

»Zucker ist ein wahres Suchtmittel!«

Die Zahlen sind so erschreckend, dass die globale Gewichtszunahme fast logisch erscheint: Der Zuckerkonsum hat sich weltweit innerhalb von 50 Jahren verdreifacht auf derzeit 165 Millionen Tonnen pro Jahr. Die Amerikaner essen am meisten: 58 Kilo Zucker pro Kopf und Jahr. »Davon sind die Deutschen zum Glück weit entfernt, doch mit 36 Kilogramm pro Kopf nimmt der Durchschnittsbürger auch hierzulande rund doppelt so viel zu sich, wie die Deutsche Gesellschaft für Ernährung empfiehlt.«[77]

Doch wir können es gar nicht merken, denn wir sind süchtig. Wenn wir einen Schokoriegel kaufen, dann ist das im Grunde genommen nicht die Folge eines freien Willens (über dessen Existenz sich auch vortrefflich streiten lässt), sondern einer Sucht, die uns gar keine andere Wahl mehr lässt. Wir MÜSSEN kaufen – bedauerlicherweise und ohne dass uns dieser innere Zwang bewusst wäre. Und manchmal wissen wir ja auch gar nicht, wie viel Zucker in einem Lebensmittel wirklich steckt. Selbst Pikantes kann süß sein. Und in Ketchup steckt deutlich mehr Zucker als zum Beispiel in Vanilleeis.

Bei Alkohol oder Zigaretten verhält es sich ja normalerweise so, dass ein Mensch erst in einem gewissen Alter den ersten Drink nimmt oder die erste Zigarette raucht. Er entscheidet sich hier also ganz bewusst dafür, die eine oder andere Droge zu konsumieren, und weiß für gewöhnlich auch über die damit in Verbindung stehende Suchtgefahr Bescheid. Bei Zucker ist das jedoch etwas völlig anderes.

So sind wir in den allermeisten Fällen schuldlos an unserer Zuckersucht, denn schon als Babys wurden uns zuckrige Tees und Säfte eingeflößt, später kamen dann die verschiedensten Schoki-Belohnungen hinzu und natürlich tausenderlei andere klebrig-süße Versuchungen. Auch in aufgeklärten Haushalten gab es Süßigkeiten und sehr oft wurden sie auch noch als Extra-Belohnung eingesetzt.

Wir sind also schon als Kinder in die Zuckerfalle getappt, unbewusst und schuldlos!

Dass die Süßigkeiten dann auch noch als »Prämie« für gutes Verhalten eingesetzt wurden, macht deutlich, wie hoch der Suchtfaktor sein muss: chemisch UND psychisch. Zudem geht er direkt ins Blut, die Insulinproduktion wird angeregt, der Zucker »weggeschafft«, und mit sinkendem Blutzuckerspiegel kommt automatisch der Hunger zurück. Das bedeutet für uns: Zucker im Stoffwechsel ist wie Zeitungspapier im Kamin – es gibt eine kurze Stichflamme, dann erlischt das Feuer, ohne dass nachhaltige Wärme entsteht.

Raus aus der Zuckerfalle

Deshalb macht es Sinn, sein Zuckerverhalten zu beobachten und zu überprüfen. Noch einmal: Nicht um sich einen Superbody anzutrainieren, sondern um die wirklich ungesunden Folgen (Diabetes etc.) zu vermeiden. Weißer raffinierter Industriezucker hat ernährungstechnisch überhaupt keine Bedeutung, Sie brauchen ihn einfach nicht.

Aber natürlich hat ein Leben ohne Süße auch keine Würze, insofern wird niemand zuckrige Produkte komplett verbannen. Nur müssen wir begreifen, dass ein möglichst konstanter Blutzuckerspiegel einfach wahnsinnig gut für unser Wohlbefinden ist. Und den kriegen Sie mit Zuckerschüben einfach nicht hin.

Dass es ungesund ist, literweise Cola zu trinken, ist mittlerweile in einer breiten Bevölkerungsschicht angekommen. Auch Diät-Cola hilft nicht viel, da der Insulinspiegel trotzdem steigt und dann erst recht Gelüste entstehen, weil der Körper nichts zum Abbauen findet. Studien haben gezeigt, dass ein hoher Insulinspiegel, ausgelöst durch Insulinresistenz und Diabetes Typ 2, das Wachstum von Tumoren fördern kann. Bei der Cola kommt noch das Koffein dazu, das ebenfalls abhängig macht. Wer viel Kaffee trinkt und damit abrupt aufhört, ist schlecht drauf und hat plötzlich fürchterliche Kopfschmerzen. Entzugserscheinungen!

»Weißer, raffinierter Industriezucker hat ernährungstechnisch überhaupt keine Bedeutung.«

Zu viel Zucker macht auf lange Sicht auch unglücklich, denn er führt zur Insulin- und Leptinresistenz – und plötzlich verspüren Sie statt Genuss nur noch Unzufriedenheit. Für den Körper hat sich eine andauernde Mangelsituation eingestellt.

Der beste Beweis für eine opiatartige Wirkung von Zucker ist das Produkt »Sweet Ease«. Dabei handelt es sich um eine Zuckerlösung, in die die Schnuller von neugeborenen Jungen bei einer Beschneidung getaucht werden, um den Schmerz zu lindern. Und das klappt! Au weia.

Alle Kriterien einer Zuckersucht konnten auch in Tierversuchen nachgewiesen werden. Ratten, die »auf Zucker« waren, zeigten ohne ihn ebenfalls Entzugserscheinungen. Und wenn sie keinen Zucker bekamen, schwenkten sie ganz bereitwillig auf Alkohol beziehungsweise Amphetamine um. Hauptsache, ein anständiger Rausch![78]

Dementsprechend müssen wir uns für die Lust auf Schokolade nicht schämen, ganz im Gegenteil. Sie wurde uns antrainiert, wir wurden konditioniert, und jetzt müssen wir einen anderen Weg einschlagen, wenn wir langfristig nach Zufriedenheit streben. Ich glaube, dass wir uns einen sehr großen Dienst erweisen, wenn wir weniger Zucker zu uns nehmen. Kein endloser Verzicht, einfach nur ein liebevoller Umgang mit uns selbst. Umso erschreckender, was ich gerade heute Morgen in der Zeitung las: Babygetränke bestehen im Durchschnitt zu 25 Prozent aus Zucker! Aber warum bloß? Weil Süße in der Evolution anzeigte, dass keine Gefahr vorlag. Was in der Natur süß schmeckte, konnten wir bedenkenlos essen. Und so funktioniert es bei Babys eben auch.

Ernährungsberater setzen als Zuckerersatz gern Stevia-Produkte ein, dafür habe ich jedoch noch überhaupt keine Lösung gefunden, mir schmeckt das Zeug einfach nicht. Ich versuche jedenfalls, nicht ständig in die Zuckerfalle zu tappen. Manchmal ist meine Gier stärker – aber auch diese Mechanik verzeihe ich mir. Ab und zu habe ich so richtig Lust auf eine eiskalte Cola. Was soll's! No Shame! Aber wirklich empfehlen kann ich eine Handvoll Nüsse am Nachmittag oder einen leckeren Eiweißshake, dadurch kommt die große Lust auf Süßes gar nicht erst auf.

»Manchmal ist meine Gier stärker – aber auch diese Mechanik verzeihe ich mir.«

Ich hoffe, ich habe Ihnen jetzt nicht den Appetit verdorben. Da zu hoher Zuckerkonsum aber wirklich eine Form der Selbstbestrafung ist und nicht einmal sättigt, gehört die Aufklärung auch bei »No Shame« einfach dazu. Und weil wir nun wissen, dass es sich bei Zucker um eine Droge handelt, die uns seit frühester Kindheit verabreicht wird, müssen wir uns auch keinesfalls dafür schämen.

Stellen Sie sich einfach vor, Ihr Körper ist ein Teil von Ihnen – nicht Ihr Feind. Behandeln Sie ihn wie Ihren besten Freund. Schlagen Sie gemeinsam über die Stränge, wenn Sie mögen, aber lassen Sie ihn nicht dauernd hungern. Das hat er nicht verdient, er ist doch Ihr größtes Werkzeug! Und eben auch das Einzige, das Sie je haben werden!

Drink it, Baby!

Also ich würde mich freuen, wenn Sie sich einfach wertschätzen. Ausreichendes Trinken gehört da ebenfalls dazu. In Indien habe ich die Vorzüge von heißem Wasser kennengelernt. Es schmeckt gut, und ich habe die simple Botschaft meines Arztes Dr. Vignesh verinnerlicht: Warmes Wasser reinigt den Darm einfach besser. Ich habe keine Ahnung, ob das stimmt, aber es fühlt sich gut an. Der Trink-Richtwert liegt bei 1,5 Liter Wasser pro Tag. Wassertrinken kurbelt den Stoffwechsel an und hat außerdem eine spezielle Funktion bei der Thermogenese des Körpers.

»Wo gehobene Gestimmtheit herrscht, ist kein Nährboden mehr für Scham.«

Wir tanken ja auch unser Auto, also müssen wir auch trinken. Es ist wichtig für uns! Wem am Abend fad ist mit dem Wasser, dem empfehle ich ein alkoholfreies Bier. Schmeckt super, wirkt isotonisch und enthält sehr wenig Zucker. Ja, in vielen Sorten steckt trotzdem Alkohol, das stimmt – allerdings nur in sehr geringen Mengen: Der Alkoholgehalt muss nämlich bei unter 0,5 Prozent liegen. Ähnlich geringe Mengen entstehen durch Vergärungsprozesse auch in manchen Fruchtsäften. Betrunken werden Sie jedenfalls durch diese Menge an Alkohol nicht.

Das würde mir jetzt an dieser Stelle schon reichen: Weniger Zucker, mehr Wasser, lautet die Devise, allerdings nicht zur Gewichtsabnahme, sondern vielmehr fürs langfristige Wohlbefinden. Wir wissen ja: Wo gehobene Gestimmtheit herrscht, ist kein Nährboden mehr für Scham. Sie sollen sich nicht ändern, Sie sollen sich nur gut fühlen. Das ist mein großer Wunsch. Sie sind einfach perfekt, genau wie Sie sind.

DYNAMIK

WACHSTUM ALS LEBENSELIXIER

Das erste große »D« für die Wege aus der Scham haben wir bereits kennengelernt: Dankbarkeit. Wir müssen begreifen, dass wir das Denken nie mit dem Denken bekämpfen können. Sie können Schmieröl nicht mit Schmieröl auswaschen. Also müssen wir die andere Ebene erklimmen, so als ob wir in unserem von Scham durchsetzten Keller eine Zwischentür einbauen, durch die wir wieder nach oben an die frische Luft geraten. Und wir können uns selbst helfen, indem wir uns nicht mehr bestrafen – sondern richtig belohnen. Im Denken funktioniert das nicht. Selbst wenn wir dazu aufgefordert werden, uns besser zu fühlen, und kognitiv sogar wissen, dass wir allen Grund dazu hätten – so ist die Scham oft stärker.

Wenn das große Mangelgefühl wieder aufkommt, hilft kein gutes Zureden. Das treibt eher in die Isolation, frei nach dem Motto: »Obwohl es mir eigentlich gut gehen müsste und ich mich freuen müsste, obwohl ich eigentlich keine Probleme habe, schaffe ich es dennoch nicht, glücklich zu sein.« Selbst daraus kann mir die Scham einen imaginären Strick drehen. So raffiniert ist sie, das kleine Biest!

Weil sie sich immer wieder durch den Hintereingang in unser mentales Wohnzimmer schlängelt, müssen wir Sicherheitszonen schaffen, um den Seelensumpf nachhaltig trockenzulegen. Die Meditation zum Beispiel – egal ob eine Minute oder länger – lässt unser wahres, schamloses Selbst wieder zum Vorschein kommen. Es heißt im alten Indien »Atman«, so wie Schopenhauers Pudel, von denen ich Ihnen schon berichtet habe.

Die Dankbarkeit gibt uns ein Stück Ruhe zurück, auch sie versetzt uns in eine Art »Urzustand« der Zufriedenheit. Jetzt, in diesem Kapitel, kommt noch ein weiteres »D« hinzu, und es steht für »Dynamik«. Ich verweigere mich bewusst dem Begriff »Sport«, weil er mir viel zu anstrengend erscheint. Auch wenn wir nicht täglich um unser Leben rennen oder Gewichte stemmen, wollen wir dennoch ein dynamisches Leben führen, eines, das uns wachsen lässt und das wir aktiv gestalten können. Ich sehe es bei meinen Eltern, die wöchentlich auf den Golfplatz gehen und sogar das Fitnessstudio für sich entdeckt haben. Sie sind Mitte 70, sehen grandios aus und sind deutlich fitter als noch vor 20 Jahren.

Der Begriff »Sport« hat für mich – vielleicht auch weil ich jahrelang als Sportreporterin gearbeitet habe – immer eine stark wettbewerbsorientierte Konnotation. Wir wollen aber keine weiteren Lebensauflagen, nicht noch mehr Regeln aufstellen und uns Vorsätzen unterjochen, die am Ende nur dazu da sind, uns wieder kleinmachen zu können. Wir dürfen die Messlatte nicht zu hoch legen, weil uns die Scham sonst ohnehin nur hinterrücks wieder attackiert.

Wer sich eine halbe Stunde Joggen am Tag vornimmt, ohne vorher Sport gemacht zu haben, wird doch nur frustriert enden, weil er seine Integrität untergräbt. Das ist mir ganz wichtig – seien Sie integer mit sich! Betrachten Sie realistisch, was Sie schaffen können. Schaffen Sie eine Minute Meditation am Tag? Das Stuhl-Ritual? Dann machen Sie das. Mindestens 21 Tage lang.

Wer sich Sport vornimmt und sich ins Fitnessstudio quält, hat oft keinen langfristigen Antrieb. Es ist nicht positiv besetzt, dazu kommt der dauernde Vergleich mit anderen, die Spiegel, die lauten Trainer, die Anonymität und der ständige Kampf – bad vibes –, kein Wunder, dass man da schnell die Lust verliert.

Wenn wir uns bewegen, so sollten wir das aus echter Freude an der Bewegung und nicht aus dem alltäglichen und völlig übertriebenen Körper-Optimierungswahn heraus tun. Wachstum ist schließlich ein Lebenselixier.

Ich persönlich habe so ziemlich alles durch: Fitnessstudios landauf, landab – habe sogar mal in einem als zertifizierte Step-Aerobic-Trainerin gearbeitet. Ich habe Yogastunden genommen, die Sonne hundertfach gegrüßt und den Krieger imitiert, bin Mountainbike gefahren und habe den Golfschläger geschwungen, das allerdings völlig talentfrei und erfolglos. Doch die wahre Erfüllung in Sachen Bewegung habe ich an einem Ort gefunden, an dem ich niemals damit gerechnet hätte.

Aber bevor wir uns der Bewegung widmen, müssen wir erst einmal eine Bestandsaufnahme machen. Wie fühlen Sie sich jetzt, nach doch über drei Vierteln dieses Buches? Leichter? Schamloser? Ich hoffe es!

Fühlen Sie sich im Einklang mit Ihrer Seele?

Dann werfen wir einen Blick auf Ihr Leben. Sind Sie überanstrengt? Wollen Sie sich mehr bewegen, sind aber müde und ziemlich ausgelaugt?

Dann lassen Sie es bitte. Ihr Körper weiß, wann es genug ist. Bevor Sie sich weiter »anstrengen«, denken Sie an den Grundsatz: Es muss leicht gehen!

Wer über einen längeren Zeitraum hinweg die Bedürfnisse seines Körpers und seiner Seele missachtet, dem fehlt irgendwann jegliche Energie für den Alltag. Neben Schlafmangel und Stress kann etwa auch ein Nährstoffmangel oder eine Grunderkrankung (zum Beispiel eine Depression, eine Schilddrüsenunterfunktion) zu Müdigkeit sowie Erschöpfungssymptomen führen. Also seien Sie liebevoll mit sich, und gönnen Sie sich Ihre Pausen. Pausen sind das A und O für die Seele und die Kunst. Pausen können manchmal mehr bewirken als alle Worte.

»Es muss leicht gehen!«

»Zennis«

Als ich etwa vier Jahre alt war, übte ich mit meinem Vater das Federballspiel in der Auffahrt meiner Großmutter. Zwischen hohen, dornigen Brombeerhecken sollte ich den Schläger so nach oben ziehen, dass ich das Spielgerät traf. Es wollte aber nicht klappen. Immer wieder zischte der Schläger ins Leere, bis ich weinte und mein Vater entnervt aufgab. Seither stand in unserem Haus fest: Jessica hat kein Ballgefühl. Dass ich danach Fußballreporterin wurde, entbehrt nicht einer gewissen Komik.

Jahrelang rührte ich nichts an, was auch nur im Entferntesten mit Bällen zu tun hatte. Ich sagte mir: »Das kannst du nicht, du hast kein Ballgefühl.« Die Scham saß mir im Nacken und flüsterte: »Da wirst du dich bloß blamieren, lass das!« Ich trat keinem Verein mehr bei und probierte nichts aus, sobald ein Ball involviert war.

Dann lernte ich meinen Ehemann kennen, der früher leidenschaftlicher Tennisspieler war. Wir suchten eine gemeinsame sportliche Betätigung. Normalerweise käme man jetzt drauf, zusammen joggen zu gehen. Aber dazu hatten wir beide keine Lust. Irgendwann sagte mein Mann: »Komm, wir gehen mal auf den Tennisplatz.« Erst einmal lachte ich ihn aus. Ich und Tennis? Wie um Himmels willen sollte das funktionieren? Doch ich erkannte, dass ich mich nie getraut hatte, überhaupt etwas auszuprobieren, weil ich mich bereits im Vorfeld dafür schämte, vermutlich nicht gut genug zu sein.

Da ich ja aber schon länger auf meinem Pfad wandelte, der mich genau von dieser nutzlosen Seelenplage befreien sollte, überwand ich meine Bedenken und ging auf den Platz. Dort, auf diesem rötlichen Sand, geschah etwas absolut Unerwartetes: Ich hatte Talent! Ich, die 40 Jahre lang geglaubt hatte, überhaupt kein Ballgefühl zu besitzen, die den Mangel für sich gepachtet hatte, die niemals einen Mannschaftssport betrieben hatte, ich hatte Talent!

Vielleicht kein Steffi-Graf-Boris-Becker-Talent, aber zumindest stellte ich mich gleich bei unseren ersten Ballwechseln recht passabel an. Und ich hatte einen großen Vorteil: Vor meinem Mann musste ich mich nicht schämen. Er weiß um meine Geschichte und lässt gar nicht erst zu, dass ich damit beginne, mich selbst runterzuputzen.

Es war ein unbeschreibliches Gefühl. Für mich öffnete sich wieder eine ganz neue Welt. Als hätte sich das Leben eine Belohnung ausgedacht für die letzten Jahre, in denen ich die Scham beobachtet und analysiert hatte. Niemals hätte ich damit gerechnet, dass ich einen so wundervollen Mann kennenlernen und eine so großartige Beziehung führen würde. Aber noch viel weniger hätte ich es für möglich gehalten, jemals Tennis spielen zu können!

Sie mögen das für eine Lappalie halten, aber ich habe mich bei jedem Sport geschämt. Immer!

Und ich lernte noch eine sehr wichtige Sache über unser Forschungsobjekt: Scham lässt uns nicht besser werden (siehe »Fortschrittskiller Scham«, S. 83), sie zwingt uns, im Mangel zu verweilen. Aber jetzt, mit einem befreiten Ich, konnte ich üben ohne die Last, perfekt sein zu müssen. Ich konnte den »Mangel« aushalten. Ich war Anfängerin, ja und?

»Scham lässt uns nicht besser werden.«

Mein Mann ist zudem ein wunderbarer Lehrer, und mittlerweile bin ich so gut, dass er sich sogar einen neuen Schläger bestellt hat. Er sagt, weil der alte nichts mehr taugt. Ich glaube, er weiß, dass ich sonst bald besser bin als er. Letzteres ist natürlich völliger Quatsch, aber wir erfreuen uns daran.

Wir nennen es auch nicht »Tennis«, sondern »Zennis«, weil wir uns ohne Wettbewerbscharakter die Bälle hin und her spielen und der Sache mittlerweile einen meditativen Charakter abgewonnen haben. Plopp, plopp, plopp, plopp – was für eine Befreiung. Ich hätte nie im Leben gedacht, dass es die kleine, gelbe Filzkugel mir jemals so antun würde.

Was ich damit sagen will?

Ohne Scham können Sie ALLES ausprobieren, was immer Sie wollen. Vielleicht treten Sie in einen Verein ein, lernen nette Leute kennen und bewegen sich ein wenig. Unser Tennis ist auch nur bedingt schweißtreibend, es macht aber eben unglaublich viel Spaß. Ich passe auch nicht mehr in meine Sakkos, weil meine Schultern so viele Muckis bekommen haben, aber auch dafür schäme ich mich nicht. Na gut, ich versuche es zumindest.

Dynamik macht schlau

Dass ein dynamisches Leben einfach ein besseres Leben ist, wissen, denke ich, alle, die sich einmal krankheits- oder verletzungsbedingt eine Zeit lang nur eingeschränkt bewegen konnten. Wir müssen das Geschenk des Lebens annehmen. Voltaire sagte schon vor 300 Jahren: »In der ersten Hälfte unseres Lebens opfern wir unsere Gesundheit, um Geld zu erwerben, in der zweiten Hälfte opfern wir unser Geld, um die Gesundheit wiederzuerlangen. Und während dieser Zeit gehen Gesundheit und Leben von dannen.«

Daran hat sich bis heute wenig geändert, nur dass sich unsere Lebenserwartung mittlerweile verdoppelt hat. Und Bewegung wirkt sich nun mal positiv auf die Energiebilanz, den Zucker- und Fettstoffwechsel, das Immunsystem, das Hormonsystem, die Gehirnfunktionen und natürlich unser subjektives Empfinden aus. Heißt: Ich bin einfach besser drauf.

Einige Experten meinen, es seien die rhythmischen Bewegungen, die Gleichklang in die Psyche bringen. Andere vermuten, dass die im Körper ausgelösten biochemischen Prozesse und Hormonausschüttungen für unser Wohlbefinden verantwortlich sind. Fest steht: Sport und Bewegung erzeugen ein Glücksgefühl, das lang anhält. Jens Corssen sagte mir immer: »Glück ist eine Überwindungsprämie.« Deshalb gilt auch hier: In kleinen Dosen und mit Spaß gelingt es besser.

»Sport und Bewegung erzeugen ein Glücksgefühl, das lang anhält.«

Ich bin komplett dagegen, die Schammaschinerie mit unrealistischen Zielen zu befeuern. Aber da sich alte Hirnstrukturen am besten mit neuem Erleben verändern lassen, würde ich dringend empfehlen, einfach etwas Neues auszuprobieren. Wenn Sie früher ungern joggen gingen, werden Sie vermutlich morgen nicht als Marathonläufer aufwachen. Aber wie sieht es mit dem Longboard aus? Oder haben Sie mal in der Gruppe eine Ballsportart ausprobiert? Hockey zum Beispiel. Habe ich letztens versucht, macht einen Heidenspaß. Oder Stand-up-Paddeln auf dem See?

Es ist völlig egal, es sollte einfach etwas sein, das Sie noch nie gemacht haben. Sie werden merken, dass Sie erstens die Scham überwinden und zweitens möglicherweise Freude an der Bewegung empfinden. Falls nicht – ganz egal, next.

Wer sich regelmäßig bewegt, erhöht auch seine kognitive Leistungsfähigkeit. Denn nach dem Sport können wir uns besser konzentrieren und komplexe Aufgaben leichter lösen. Den Grund vermuten Wissenschaftler unter anderem im Laktat. Diese Form der Milchsäure entsteht in den Muskeln, wenn wir uns bewegen, und die Nervenzellen im Gehirn brauchen die Milchsäure, um richtig funktionieren zu können. Da nach dem Sport mehr Laktat produziert wird, gehen Forscher davon aus, dass das Laktat auch für die gesteigerte Hirnleistung verantwortlich ist.

Bei Bewegung wird nicht nur das Gehirn besser durchblutet, es kommt laut Studien auch zu einem Anstieg von neurotrophen Wachstumsfaktoren, die die Neubildung und Vernetzung von Nervenzellen unterstützen, es erhöht sich die Konzentration von Neurotransmittern – kurzum[79]: Ein dynamischer Lebensstil macht uns auch noch schlauer!

»Wer sich regelmäßig bewegt, erhöht auch seine kognitive Leistungsfähigkeit.«

Allerdings: Für ein schamloses Leben ist es unerlässlich, dass Sie auf Ihre Bedürfnisse achten! Oftmals wollen wir uns nicht bewegen, weil wir zu erschöpft sind. Dann bieten wir wieder eine große Angriffsfläche für den inneren Diktator, der dann gern erneut in den Versagensmodus schaltet: »Du solltest jetzt aber dringend etwas tun, du musst dich mehr bewegen, du hast es schon wieder nicht richtig hinbekommen …«

Nehmen Sie Ihren ureigenen Rhythmus wahr! Sie müssen keine Berge versetzen, Sie haben schon genug zu tun. Bitte achten Sie darauf, ob sich Ihr Leben im Einklang mit dem Rhythmus Ihrer Seele befindet. Sich auch noch unter Druck zu setzen ist vor allem eins: kontraproduktiv. Wir wollen unser Wohlbefinden steigern und der Scham keine Angriffsfläche bieten.

Bedeutet: Bringen Sie Bewegung in Ihr Leben, aber bitte ohne Quälerei und ohne unnötigen Stress. Verfallen Sie um Himmels willen nicht in blinden Aktionismus, um nur ja irgendeinem unrealistischen Bild zu entsprechen. Die Zeit der Fleißkärtchen ist ab sofort vorbei! Sie tun, was Ihnen wirklich guttut! Welche Rolle dabei auch ein kleiner Spaziergang in der Sonne spielen kann, erfahren Sie auf den nächsten Seiten.

Licht und Leben

Unlängst beim Hautarzt. An der Anmeldung auf der Theke stehen kleine Fläschchen mit Sonnenschutzlotion. Lichtschutzfaktor 50. Der Arzt schwebt vorbei und flötet: »Das müssen Sie jeden Tag auftragen, unbedingt! Das ist ganz wichtig für die Haut, sonst altert sie schneller.« Schwups – und weg war er. Ich wurde stutzig. Soll ich wirklich täglich mit einem 50er-Lichtschutzfaktor durch die Gegend rennen? Ich meine, wir leben ja nicht neben dem Ozonloch! Wir brauchen doch Licht zum Leben, am besten Sonnenlicht. Natürlich, das weiß mittlerweile jedes Kind, ist übertriebenes Sonnenbaden schädlich und erhöht das Hautkrebsrisiko. Dennoch brauchen wir die Sonne, sie ist lebenswichtig, nicht nur für Pflanzen.

Dynamisch zu leben bedeutet, täglich etwas Frischluft und vor allem Sonne zu tanken. Es soll tatsächlich Menschen geben, die morgens von der eigenen Tiefgarage in die Büro-Tiefgarage fahren und den kompletten Tag in geschlossenen Räumen verbringen. Die Folgen sind fatal, denn ohne Sonnenlicht produziert der Körper kein Vitamin D, und Vitamin D ist für unseren Körper so etwas wie ein Helene-Fischer-Konzert für Schlagerfans! Es hilft für und gegen so gut wie alles, ist ein Gute-Laune-Booster, und im Gegensatz zu einem Konzert gibt's dieses Wundermittel einfach gratis vom Universum – für alle. Sonne bekommen sogar wir in der nördlichen Hemisphäre ab.

Die Wirkung ist wirklich grandios: Wie die meisten Körperzellen, so haben auch die Gehirnzellen sogenannte Vitamin-D-Rezeptoren, über die das Sonnen»hormon« in die Zellen transportiert wird. Dort stimuliert es die Serotoninproduktion und die Endorphinausschüttung, wie Sie wissen, die Animateure unter den Hormonen. Wir sind einfach besser drauf! Aber nicht nur das, je nach Zelle werden die verschiedensten Prozesse in Gang gesetzt, sodass viele Forscher bis heute rätseln, was dieser Tausendsassa namens Vitamin D sonst noch alles kann.

Viele sprechen, vereinfacht gesagt, davon, dass es sich hier um ein Hormon handelt. Aber das ist nicht ganz korrekt – zumindest nicht am Anfang. Wenn wir Vitamin D aufnehmen, muss es erst durch einen kleinen Enzym-Prozess, damit aus dem Hormon-Substrat das wirksame Vitamin-D-Hormon »Calcitriol« wird. Dieses dockt dann an unseren Zellrezeptoren an … und schon geht sie los, die wilde Fahrt.

Umgekehrt muss man sich vorstellen, was passiert, wenn wir nicht genug Sonne abbekommen! Nachdem sich dieses Hormon ja so gut wie an jede Zelle andockt! Vor allem seelisch gleicht sich das Gemüt ohne Sonne dem Wetter an: nämlich grau und wolkenverhangen. Die Sonne und ihr Sonnenscheinvitamin schützen also vor trüben Gedanken, Niedergeschlagenheit und Depression. Allerdings hat das Robert Koch-Institut im 13. Ernährungsbericht für die Deutsche Gesellschaft für Ernährung e. V. verheerende Zahlen vorgelegt: Knapp 62 Prozent der Studienteilnehmer wiesen suboptimale Werte auf, 30 Prozent litten unter Vitamin-D-Mangel und nur 38 Prozent waren ausreichend versorgt.[80]

Ein Spaziergang in der Mittagssonne, bei dem zumindest Gesicht und Arme entblößt sein sollten (Faustregel: 25 Prozent der Körperfläche), erhellt die Stimmung – garantiert. Falls Sie in Deutschland wohnen, ist die Wahrscheinlichkeit, dass auch Sie an einem Vitamin-D-Mangel leiden, relativ hoch, deshalb: ab in die Sonne! Und zwar ohne Lichtschutzfaktor! Denn dieser blockiert leider auch die Vitamin-D-Bildung. Auf die berechtigte Frage, warum die Sonne dermaßen verteufelt wird, wenn sie doch so wichtig für unser Leben und unsere Stimmung ist, antworten Mediziner weltweit: weil die Sonnenstrahlen nichts kosten! Die Industrie setzt mit unserer Angst vor Hautkrebs jährlich Milliarden um – dabei ist in unseren Breitengraden ein kleines Sonnenbad OHNE Sonnenbrand (nicht länger als 30 Minuten) eine Wohltat für Ihren Körper! Natürlich sollen Sie nicht stundenlang ungeschützt Sonnenbaden, aber 15 bis 30 Minuten sind je nach Stärke der Sonneneinstrahlung ein gefahrloser Stimmungsbooster. »Die UV-Strahlen mobilisieren die Produktion in den Hautzellen von Endorphinen, ›Glückshormonen‹.«[81]

»Die Sonne und ihr Sonnenscheinvitamin schützen also vor trüben Gedanken, Niedergeschlagenheit und Depression.«

Zudem sinken durch das Vitamin D, das in jeder Zelle gebildet wird, das Krebs- und Herzinfarktrisiko signifikant. Da es sich hierbei um die beiden häufigsten Todesursachen handelt, wird deutlich, welch große Rolle das Vitamin D in unserem Körper spielt und dass wir gut daran täten, uns um unseren Vitamin-D-Haushalt besser zu kümmern.

Was also tun?

Versuchen Sie, von April bis September genügend Sonne zu tanken, beispielsweise eine Viertelstunde um die Mittagszeit spazieren gehen, wobei mindestens Arme und Gesicht nicht bedeckt sein sollten. Das hilft! Die Abendsonne ist leider nicht effektiv genug, und Glas ist undurchlässig für die benötigte UV-Strahlung der Sonne. Bei geschlossenen Fenstern im Auto oder im Haus kann die Haut also kein Vitamin D tanken.

Von Oktober bis März fehlt dem Körper hierzulande die Sonne, um mithilfe der UVB-Strahlung Vitamin D zu synthetisieren. Im Winter lebt ein gesunder Mensch von seinen Vitamin-D-Vorräten im Fettgewebe. Sollten Sie im Sommer also nicht ausreichend Vitamin D getankt haben (was bei den allermeisten Menschen der Fall ist), versorgen Sie sich am besten mit einem hochwertigen Vitamin-D-Präparat.[82]

Kleiner Tipp: Gehen Sie raus, selbst ein paar Minuten sind besser als nichts! Und cremen Sie sich vor Ihrem kleinen Spaziergang nicht ein, sonst kommt die Sonne nicht durch und der Vitamin-D-Effekt ist gleich null. Holen Sie sich Ihren Coffee to go einfach drei Straßen weiter, und schon haben Sie eine dicke Portion des Wohlfühlvitamins D eingesammelt.

Ich gehe jetzt mit Han Solo mittags immer in kurzen Hosen und T-Shirt spazieren, denn um wirklich effektiv Sonne zu tanken, müssen die Strahlen mindestens 25 Prozent der Haut erreichen. Und wenn Sie es nicht glauben: Notieren Sie, wo sich Ihre Gefühlsskala befindet (zwischen 1 und 10; 1 für mies, 10 für sensationell), wenn Sie losgehen, und vergleichen Sie Ihre Stimmung, wenn Sie nach einem kleinen Sonnenspaziergang zurückkommen. Das Ergebnis wird Sie vermutlich verblüffen!

SCHLAF

ENDLICH EINE LOBBY FÜR DEN BESTEN FREUND

Eigentlich müsste »SCHLAF« als Teil der täglichen MEDS an erster Stelle kommen, aber SMED klingt dann doch irgendwie komisch.

Ohne Schlaf geht jeder nach kürzester Zeit nicht nur auf dem Zahnfleisch, sondern auf dem freiliegenden Kieferknochen. Sie müssen gut und ausreichend schlafen! Alles andere ist härteste Selbstbestrafung. Schlafmangel zählt zu den größten Foltern, die Sie Ihrem Körper antun können, nicht umsonst machen sich autoritäre Regime diesen Fakt zunutze, um Oppositionelle zur Räson zu bringen. Schlafmangel macht nicht nur dick und traurig, er zermürbt uns, und alte Schammuster werden wieder quicklebendig.

Über den »richtigen« Schlaf sind bereits zigtausende Bücher verfasst und unzählige Studien abgeschlossen worden. Er gehört zu unseren MEDS, denn er ist unerlässlich für die psychische Widerstandsfähigkeit. Und auch hier gilt: keine Scham vor dem eigenen Takt!

Jeder hat de facto seine eigene innere Uhr, belegt durch die Wissenschaft der Chronobiologie: Bereits in den 1960er-Jahren gingen Forscher dem Phänomen der inneren Uhr in dem umstrittenen »Andechser Bunker-Experiment« nach, das heute wohl vor keiner Ethikkommission mehr standhalten würde.[83]

Dabei bauten Verhaltensforscher des Max-Planck-Instituts einen Bunker im Andechser Berg mit einer Versuchswohnung, die keine Fenster und keine Uhren hatte – es gab also keinen Kontakt nach draußen (nur der Kühlschrank wurde von außen stets neu befüllt). Da es eine Art Versuchsanordnung war und kein Gefängnis, durfte natürlich jeder, der es nicht mehr aushielt, auch wieder gehen. Die Wissenschaftler wollten so herausfinden, ob sich ohne äußere Faktoren wie beispielsweise das Tageslicht auch die innere Uhr verändert. Das Ergebnis: Der übliche Rhythmus blieb bei fast allen Probanden unverändert, zwei Drittel ihres »Tages« wachten sie, ein Drittel schliefen sie. Allerdings verlängerten sich ihre subjektiven »Tage« auf durchschnittlich 25,2 Stunden. Manche Kandidaten glitten sogar in 50-Stunden-Tage hinein, in denen sie 16 Stunden hintereinander schliefen – die Forscher dachten schon, sie lägen im Koma. Erst als man den Probanden erlaubte, zwischendurch ein Nickerchen zu machen, stellte sich wieder der 24-Stunden-Rhythmus ein.

Das Diktat der inneren Uhr ist also angeboren und lässt sich auch nicht signifikant verändern. Aus einer Eule macht man keine Lerche. Wie lange ein Mensch braucht, um sich im Schlaf zu regenerieren, um bestimmte hormonelle Prozesse zu durchlaufen, schwankt zwischen sechs und zehn Stunden. Die Krux liegt nun aber darin, dass sich unsere Schlafenszeiten weltweit verkürzen. In den USA schläft jeder Erwachsene im Durchschnitt eineinhalb Stunden zu wenig. Wer aber beispielsweise nur vier Stunden schläft, ist danach so benebelt, als hätte er 0,5 Promille Alkohol im Blut. Eine durchwachte Nacht lähmt die Reflexe sogar wie 0,8 Promille.[84]

»Schlafmangel zählt zu den größten Foltern, die Sie Ihrem Körper antun können.«

Umso verrückter, dass Schlaf einen schlechten Ruf hat: Wer viel schläft, gilt als faul. Gerade in den Tech-Unternehmen ist wenig Schlaf zu einer Art Statussymbol geworden. Immerhin geht Amazon-Chef Jeff Bezos, der reichste Mann Amerikas, jetzt mit gutem Beispiel voran und behauptet, dass er acht Stunden Schlaf benötige. »Ich bemühe mich, das zu einer Priorität zu machen«, sagte der supererfolgreiche CEO in einem Interview. »Für mich ist das die notwendige Menge, um mich energetisiert zu fühlen.«[85]

Eine Verfechterin des guten Schlafs ist auch Arianna Huffington. Die Gründerin des Newsportals The Huffington Post widmete dem Thema sogar das Buch »Die Schlaf-Revolution«. Darin plädiert sie für mehr Schlaf, um effizienter zu arbeiten und ausgeglichener leben zu können.[86] Huffington schlief über Jahre hinweg viel zu wenig, bis ein körperlicher Zusammenbruch inklusive Jochbeinfraktur sie zum Umdenken bewegte.

Ein weiterer Nachteil: Zu wenig Schlaf macht dick! Eine Studie an der Universität Berkeley, Kalifornien, hat gezeigt, dass die Teilnehmer nach einer durchwachten Nacht einen Bärenhunger auf fette und kohlenhydratreiche Nahrungsmittel hatten und etwa 600 Kalorien mehr allein zum Frühstück zu sich nahmen. Der fehlende Schlaf schaltet spezielle Regionen des Frontalhirns einfach ab, wodurch die Hemmungen wegfallen, die normalerweise zu einer vernünftigen Lebensmittelauswahl führen. Außerdem hat zu wenig Schlaf einen negativen Einfluss auf den Stoffwechsel, was ebenfalls zur Gewichtszunahme führt. Eine kurze Nacht und ein geräderter Tag lassen auch unsere alten Muster schnell wieder aufflackern. Dann schalten wir auf unsere Notprogramme, und die Scham greift uns wieder massiv an. Schlechter Schlaf macht schlechte Laune, und schon tappen wir wieder in die Schamfalle. Deshalb: Gönnen Sie sich Ruhepausen.

SPIRITUALITÄT

JAI HANUMAN!

Das große »S« der MEDS kennen Sie bereits – den Schlaf. Er ist unerlässlich für ein schamloses Leben. Ein etwas kleineres »S« möchte ich Ihnen zum Ende dieses Buches noch mit auf den Weg geben: Spiritualität.

Mir war dieser Begriff früher ein Gräuel. Auch meine Eltern hatten alles »Überirdische« immer abgelehnt, eine Kirche betrat ich nur bei Hochzeiten oder Trauergottesdiensten. Erst in Indien, einem Land, das von Spiritualität nur so strotzt, lernte ich diese unbändige Kraft kennen.

Spiritualität hat nichts mit esoterischem Stühlerücken zu tun, wir pflanzen keine Karotten im Halbkreis um Mitternacht oder glauben an Geister. Jens Corssen spricht deshalb auch lieber von »Bewusstheit«. Vielmehr halten wir einen Baustein in der Hand, der uns auf der Reise zu unserem Glück sehr hilfreich sein kann.

Dieses gesamte Buch mit all seinen wissenschaftlichen Forschungen kann Sie nur berühren, wenn Sie sich auf den Weg zu sich selbst machen. »Die Stille und Ruhe gönnen dem inneren Sein eine tiefe Macht und freieres Walten, und es ist immer besser, wenn das Innere nach außen, als wenn umgekehrt das Äußere nach innen strömt«, schrieb der Gelehrte und Autor Wilhelm Freiherr von Humboldt.

Die Scham hat Sie nicht mehr im Würgegriff, Sie sind frei!

Sie können tun und lassen, was immer Sie wollen. Sie spüren die Liebe tief in Ihrem Herzen, und Sie spüren, was gut für Sie ist. Wer im Außen nach der Erfüllung seiner Bedürfnisse sucht, wie es so viele tun, der wird den Sumpf der Scham nicht trockenlegen können. Wir müssen begreifen, dass nur der Weg nach innen aus der Scham herausführt.

»Wir müssen begreifen, dass nur der Weg nach innen aus der Scham herausführt.«

Die wichtigste spirituelle Begegnung in Indien hatte ich mit der hinduistischen Gottheit Hanuman. Hanuman, so sagen die Hindus, sei der Einzige, der es mit Saturn aufnehmen könne – davon habe ich Ihnen bereits berichtet. Ich hatte zu »unserem« Gott nie eine Beziehung, mir erschienen das Elend der Welt und die Existenz eines barmherzigen Schöpfers bereits als Kind als zu starker Widerspruch.

Insofern hat es mich selbst überrascht, welche feinstoffliche Bindung sich da aufbauen ließ. Als ich Hanuman, den muskelbepackten Gott mit dem Affengesicht, der immer ein Stück Himalaja bei sich trägt, in einer Lebensphase voller Zweifel begegnete, dachte ich nur: Was soll's, schaden kann's ja nicht. Schlimmer wird's auch nicht. Die vedische Astrologie war ja schon sehr hilfreich, wieso nicht auch Hanuman?

Und so begann ich, mich mit dem Affengott zu beschäftigen, seiner Historie und all den Kräften, die ihm nachgesagt werden (den Himalaja versetzen, von Indien nach Sri Lanka springen etc.). Mir war es völlig egal, ob sich eine solche Existenz beweisen ließe, es ging um den Effekt! Und siehe da, nach einigen Wochen mit täglicher Hanuman-Chalisa-Praxis gingen mir viele

Dinge deutlich leichter von der Hand. Bei manchen Fragen legte ich die Antwort in Hanumans Hand, und einige Stunden später stellte sich Klarheit ein. Die Dinge regelten sich plötzlich von selbst. Ich kann absolut verstehen, wenn vedische Astrologie und Hanuman Ihnen noch etwas merkwürdig erscheinen. Aber betrachten Sie es doch als Angebot. Es muss nicht jeder Weg für alle stimmig sein.

Erst durch die Katharsis – wenn Ego und Scham gestorben sind – können wir klarsehen. Erst wenn wir ein zweites Mal aufgewacht sind, erleben wir das Leben in seiner gesamten Fülle. In der Tiefe der geistigen Bewusstheit liegt der Schlüssel. Dort im Seelensumpf, den wir uns angeschaut und gemeinsam trockengelegt haben, liegt die Wahrheit über unser Sein. Für das Ego gibt es nichts Fataleres als bloßes, wertfreies Beobachten. Denn es führt dazu, dass wir unsere wahre Natur erkennen, nämlich pures Bewusstsein und reine Freude.

Spiritualität und Bewusstheit führen uns ins pure Erleben. Im Beobachten und im Sein können sich Probleme nicht manifestieren. Die dazugehörigen Rituale geben Wärme und Sicherheit. Ich fühle mich im Einklang mit mir und dem Universum – und es heißt ja auch »Universum« und nicht »Dualversum«, schon der Begriff beschreibt die Einigkeit. Mahatma Gandhi wurde einmal gefragt, ob er sein Lebensmotto in 20 Zeilen packen könne. Gandhi lächelte, wie er es oft tat, und antwortete: »Das ist ganz leicht, das kann ich sogar in drei Worten: Verzichte und genieße.«[87] Er zitiert damit aus der »Isha-Upanishad«, einer der ältesten vedischen Schriften. Ich empfehle auch die Lektüre der »Bhagavad Gita«, der Quelle der indischen Spiritualität. Bei »Verzichte und genieße« geht es vor allem um die negativen Folgen der Anhaftung. Erst wer sich absolut löst von den Vorstellungen seines vorteilhaften Handelns, wer nicht auf Lob hofft oder Tadel fürchtet, wer mit einem klaren Geist und restloser Hingabe eine Tätigkeit verrichtet, der kann sein Handeln genießen. So gesehen, muss Sisyphos ein glücklicher Mann gewesen sein, denn sein Handeln konnte gar nicht mehr mit Erwartungen verknüpft sein.

Wir lassen der Scham keine Chance, wenn wir unser Bestes geben, ohne auf ein Ergebnis zu hoffen. Wir handeln aus unserem freudvollen Selbst heraus und bleiben im inneren Frieden.

Hanuman gilt im Hinduismus als bedeutendste Gottheit, um Negativität zu transformieren. Er lehrt die Menschen, welche unendliche Kraft in ihnen selbst steckt, und hilft ihnen, diese (wieder) zu entdecken und sich mit ihr zu verbinden. Ich kann ein Lied davon singen, und das tue ich auch! Sie können sich die Lobpreisung für Hanuman, das kraftvolle Hanuman-Chalisa, auf YouTube jederzeit anschauen, es gibt Hunderte verschiedene Versionen in verschiedenen Geschwindigkeiten. Die schönste Version stammt vom amerikanischen Sänger Krishna Das, einem glühenden Anhänger von Maharishi. Krishna Das' bewegende Geschichte wurde in der Dokumentation »One Track Heart« verfilmt. Er erzählt: »Wann immer die Leute zu Maharishi kamen, denen er das Hanuman-Chalisa ans Herz gelegt hatte, und die sich bedanken wollten, weil ihre Gebete erhört wurden, sagte er zu ihnen: ›Ich habe nichts gemacht. Es war alles Hanumans Werk.‹«

EPILOG

Ich möchte mich an dieser Stelle aufrichtig bei all den Menschen bedanken, die mich unterstützt und mir die Chance gegeben haben, dieses Buch zu veröffentlichen. Scham betrifft uns alle, und vielen macht sie seit Jahrzehnten das Leben zur Hölle. Auch ich musste leidvoll erfahren, wie viel Potenzial sie raubt und welch ein unfassbarer Quälgeist sie sein kann. Scham zerstört Beziehungen über den ganzen Erdball hinweg, weil Partner sich lieber streiten, anstatt ihr Innerstes zu offenbaren. Mit »Verletzlichkeit macht stark« hat Brené Brown die richtigen Worte gefunden, denn wenn zwei Liebende sich wahrhaftig offenbaren, kann sie das nur zusammenschweißen – der Nährboden für Machtspielchen oder Eifersüchteleien ist dann nicht mehr vorhanden.

Scham zersetzt unsere Gesellschaft, sie zeigt ihr wahres Gesicht in Wirtschaftskrisen genauso wie in der Weltpolitik. Dass junge Männer, die sich »zweitklassig« fühlen, genau diejenigen beschämen, denen es doch noch viel schlechter geht als ihnen, müssen wir in der Flüchtlingskrise erleben. Dass gestandene Banker aus Scham lieber einfach weitermachten, als ihr Tun zu hinterfragen, stand in der Finanzkrise außer Frage. Dass Millionen von Menschen lieber im gelernten Unglück verhaftet bleiben, als endlich die Liebe zu finden, die sie verdient haben, ist traurig genug. Millionen von Entscheidungen, die wir später bereuen, treffen wir im Jetzt nicht aus einem gesunden Selbst, sondern aus der Scham heraus. Fast immer steht sie uns im Weg, wenn es darum geht, ein wirklich erfülltes Leben zu führen.

Die verschiedenen Formen der im Buch beschriebenen Selbstbestrafung rufen ständig den inneren Diktator auf den Plan, der vor niemandem Halt macht. Doch lassen Sie sich bitte auch von Rückschlägen nicht allzu sehr beeindrucken. Sie sind, genau wie ich, seit so vielen Jahren auf Perfektion getrimmt, da wird es immer Momente geben, in denen das uralte Gefühl der Unzulänglichkeit, die Flut der Scham, über Ihnen zusammenschlägt. Aber das ist beileibe kein Grund, sich völlig vereinnahmen zu lassen. Das hätte sie gern, die Scham, doch wir müssen bedenken, dass wir in einem kontinuierlichen Verbesserungsprozess stecken.

Sollten Sie Ihre MEDS mal nicht genommen und die Scham voll zugeschlagen haben, so denken Sie sich bitte nichts dabei. Wir akzeptieren unsere Mechanik und atmen tief durch. Es gehört dazu. Wir können die Muster aber jederzeit erkennen, steigen wieder aufs Pferd und reiten einfach weiter – die Scham wirft uns nicht mehr tagelang aus der Bahn.

Sobald wir Anflüge ihrerseits bemerken, müssen wir ihr Dankbarkeit entgegensetzen. Offenheit und Dankbarkeit entziehen ihr den Nährboden. Seien wir ehrlich mit uns und auch mit anderen.

Vor Kurzem durfte ich eine Sendung gemeinsam mit Didi Hamann moderieren, dem 2005 das unglaubliche Kunststück gelang, mit dem FC Liverpool nach einem 0:3-Rückstand zur Pause im Finale gegen den AC Mailand noch die Champions League zu gewinnen. Bis zum Ende der regulären Spielzeit holten die Reds drei Tore auf und siegten dann schlussendlich im Elfmeterschießen. Nie hat es einen größeren Triumph gegeben. Zwischen zwei Live-Sendungsstrecken habe ich Didi gefragt, ob ihm das eigentlich alles immer Spaß gemacht hat, mit all dem Leistungsdruck, und er antwortete: »Ja, sehr sogar. Ich wusste immer, dass es etwas Besonderes war, was ich machen durfte. Ich war einfach dankbar, dass ich es zum Fußballprofi gebracht hatte. Damals gab es noch nicht diese Reißbrettkarrieren wie heute, und ich wusste lange nicht, ob das nun klappen würde oder nicht. Also war ich sehr, sehr dankbar, als es dann so weit war.« Es waren Fleiß und Talent, aber eben auch Dankbarkeit, die ihn hatten so erfolgreich werden lassen.

Ich glaube wirklich, dass Einstein recht hatte mit dem Ausspruch: »Man kann Probleme niemals mit der gleichen Denke lösen, durch die sie entstanden sind.« Wir müssen eine zweite Ebene einziehen durch neues emotionales Erleben, durch Meditation, körperliche Betätigung oder den Anblick von phänomenaler Kunst. Wir müssen dem Geist einfach ein neues Stöckchen geben, das alte ist abgenagt genug. Wir sollten durchlässig bleiben und schamlos jeden einzelnen Augenblick des Lebens genießen. Sie verdienen pure Liebe, und ich wünsche Ihnen, dass sich alles zum Besten Ihrer Seele ganz natürlich entwickelt. Ich mag den Begriff »entwickeln«, denn da steckt eigentlich alles drin: Wir entwickeln uns aus dem Knäuel der grauen Masse und finden unseren eigenen Weg. Wir kommen zur Entfaltung.

Alles, was Sie brauchen, ist bereits da. Alles, was Sie sich mit Leichtigkeit wünschen, ziehen Sie an. Der Weg aus der Scham ist hier noch lange nicht zu Ende, aber ich hoffe, dass Ihnen die Lektüre dieses Buches dennoch viel davon genommen hat. Das wäre mein innigster Wunsch. Danke, dass Sie mit mir diese Reise gemacht haben. Es warten neue Wunder auf Sie. Auf ganz bald!

Jai Hanuman!

DANKSAGUNG

Ich möchte mich noch einmal aufrichtig bei allen »Reisehelfern« bedanken. Ohne sie wäre dieses Buch nie entstanden: Annelie und Dr. Ulrich Bauhofer, Jens Corssen, Norbert Weiss, Dr. Vignesh, Brené Brown, Gopi Kayallil, Andreas Fünfgeld, Regina Denk, Maria Hellstern, Ulrich Ehrlenspiel, Alexandra Bauer, all meine Lehrer und die Autoren, die geholfen haben, den Weg heraus aus der Scham zu finden.

Und ich danke meinem Mann Roman Libbertz.

In ewiger Liebe.

QUELLENVERZEICHNIS

1 Paulo Coelho: The Alchemist (English Edition), HarperOne 2015, S. 123

2 Vgl. Brené Brown: Verletzlichkeit macht stark, München 2013

3 Vgl. Jens Corssen: Der Selbst-Entwickler. Das Corssen Seminar, Wiesbaden 2004

4 Sally S. Dickerson et al.: Immunological Effects of Induced Shame and Guilt. In: Psychosomatic Medicine 66 (2004), S. 124–131

5 Raphael Kellman: Glück beginnt im Darm. Wie Sie mit der richtigen Ernährung Depressionen, Ängste und mentale Erschöpfung erfolgreich behandeln können. München 2018, S. 160

6 Brené Brown, 2013, S. 40

7 Lieber tot als rot, 15.12.1997; http://www.spiegel.de/spiegel/print/d-8843414.html, 9.12.2018

8 Vgl. Lieber tot als rot, 15.12.1997; http://www.spiegel.de/spiegel/print/d-8843414.html, 9.12.2018

9 Lieber tot als rot, 15.12.1997; http://www.spiegel.de/spiegel/print/d-8843414.html, 9.12.2018

10 Ulrike Meyer-Timpe: Gebrauchsanweisung für ein Gefühl: Scham, 16.11.2016; https://www.zeit.de/zeit-wissen/2016/06/gesellschaft-scham-verhalten-schuld, 6.12.2018

11 Ingrid Kupczik: Warum Scham eine gute Sache ist, 6.5.2014; https://www.apotheken-umschau.de/Scham, 9.12.2018

12 Vgl. Daniel M. T. Fessler: Emotions and Cost-benefit Assessment: The Role of Shame and Self-esteem in Risk Taking. In: Gerd Gigerenzer, Reinhard Selten (Hrsg.): Bounded Rationality: The Adaptive Toolbox, Cambridge 2002, S. 191–214

13 Daniel M. T. Fessler: Shame in Two Cultures: Implications for Evolutionary Approaches. In: Journal of Cognition and Culture 4, Leiden 2004, S. 214

14 Klaus Wilhelm: Warum es gut ist, sich zu schämen, 25.2.2011; https://www.tagesanzeiger.ch/wissen/medizin-und-psychologie/Warum-es-gut-ist-sich-zu-schaemen-/story/15564431, 6.12.2018

15 Wolfgang Scheiblich: Schamgefühle – »Ich schäme mich so ...!«, 4.9.2015; http://exploredoc.com/doc/9140773/schamgef%C3%BChle---ich-sch%C3%A4me-mich-so...-, 12.12.2018

16 Brené Brown, 2013, S. 88

17 Julia Lauer: Mensch, schäm dich! 16.4.2013; http://www.faz.net/aktuell/gesellschaft/gesundheit/psychologie-mensch-schaem-dich-12148262.html, 9.12.2018
18 Interview With June Price Tangney About Shame in the Therapy Hour, 2011; https://www.apa.org/pubs/books/interviews/4317264-tangney.aspx, 9.12.2018
19 Interview With June Price Tangney About Shame in the Therapy Hour, 2011; https://www.apa.org/pubs/books/interviews/4317264-tangney.aspx, 9.12.2018
20 Gerald Hüther: Bedienungsanleitung für ein menschliches Gehirn, Göttingen 2013, S. 9 f.
21 Vgl. Gerald Hüther, 2013
22 Katrin Kruse: Scham – die stille Epidemie, 31.1.2016; https://www.nzz.ch/gesellschaft/lebensart/gesellschaft/scham--die-stille-epidemie-1.18685378, 9.12.2018
23 Vgl. Stephan Marks: Scham – die tabuisierte Emotion, Ostfildern 2018
24 Vgl. Andreas Wawrzinek: Gehirn besitzt Schamregion, 9.11.2002; https://www.wissenschaft.de/umwelt-natur/gehirn-besitzt-schamregion/, 9.12.2018
25 Vgl. Stephan Marks: Menschenwürde und Scham, https://www.akademie-schoenbrunn.de/fileadmin/data_akademie/Berufliche_Schulen/Heilpaedagogik/menschenwuerde_scham.pdf, 12.12.2018
26 Léon Wurmser: Die Maske der Scham. Die Psychoanalyse von Schamaffekten und Schamkonflikten, Berlin Heidelberg 1990, 1993, S. 74, S. 87
27 Vgl. Micha Hilgers: Scham – Gesichter eines Affekts, Göttingen 2006
28 Léon Wurmser, 1990, 1993, S. 306
29 Sechster Todestag von Robert Enke: Witwe schreibt offenen Brief, 10.11.2015; https://www.augsburger-allgemeine.de/sport/Sechster-Todestag-von-Robert-Enke-Witwe-schreibt-offenen-Brief-id36044282.html, 10.12.2018
30 Malte Achilles, Stephan Kürty: »Ich kann nicht mehr«, 16.1.2018; https://www.bz-berlin.de/sport/fussball/vor-genau-elf-jahren-beendete-sebastian-deisler-seine-karriere, 10.12.2018
31 »Ich war erleichtert, als wir gegen Italien ausgeschieden sind«, 10.3.2018; https://www.welt.de/sport/article174411509/Per-Mertesacker-zur-WM-2006-War-erleichtert-als-wir-gegen-Italien-ausgeschieden-sind.html, 10.12.2018
32 »Ich war erleichtert, als wir gegen Italien ausgeschieden sind«, 10.3.2018; https://www.welt.de/sport/article174411509/Per-Mertesacker-zur-WM-2006-War-erleichtert-als-wir-gegen-Italien-ausgeschieden-sind.html, 10.12.2018
33 »Ich war erleichtert, als wir gegen Italien ausgeschieden sind«, 10.3.2018; https://www.welt.de/sport/article174411509/Per-Mertesacker-zur-WM-2006-War-erleichtert-als-wir-gegen-Italien-ausgeschieden-sind.html, 10.12.2018
34 Léon Wurmser, 1990, 1993, S. 305
35 Vgl. Amy C. Edmondson: Building a psychologically safe workplace, TEDx Talks, 4.5.2014; https://www.youtube.com/watch?v=LhoLuui9gX8, 10.12.2018
36 Claudia Tödtmann: Führungskräfte sind der wahre Produktivitätskiller, 22.3.2017; https://www.wiwo.de/erfolg/beruf/gallup-studie-fuehrungskraefte-sind-der-wahre-produktivitaetskiller/19552634.html, 10.12.2018
37 Vgl. Julia Rozovsky: The five keys to a successful Google team, 17.11.2015; https://rework.withgoogle.com/blog/five-keys-to-a-successful-google-team/, 10.12.2018
38 Laura Delizonna: High-Performing Teams Need Psychological Safety. Here's How to Create It, 24.8.2017; https://hbr.org/2017/08/high-performing-teams-need-psychological-safety-heres-how-to-create-it, 10.12.2018
39 Vgl. Jens Corssen, 2004
40 Laura Delizonna: High-Performing Teams Need Psychological Safety. Here's How to Create It, 24.8.2017; https://hbr.org/2017/08/high-performing-teams-need-psychological-safety-heres-how-to-create-it, 10.12.2018
41 Vgl. Richard H. Thaler: Toward a Positive Theory of Consumer Choice. In: Journal of Economic Behavior and Organization 1, North-Holland 1980, S. 39–60
42 Vgl. Richard H. Thaler, North-Holland 1980
43 Vgl. Daniel Kahneman: Schnelles Denken, langsames Denken, München 2012
44 Vgl. Jennifer Jacquet: Is Shame Necessary? New Uses for an Old Tool, New York 2015

45 Alexander Demling: Was uns zu Lügnern macht, 18.10.2012; http://www.spiegel.de/wirtschaft/soziales/dan-ariely-wie-man-menschen-das-luegen-austreibt-a-860787.html, 12.12.2018
46 Richard Thaler: Misbehaving. Was uns die Verhaltensökonomie über unsere Entscheidungen verrät, München 2018, Digitale Ausgabe, Position 662
47 Vgl. J. L. Tracy, R. W. Robins: Putting the Self into Self-Conscious Emotions: A theoretical model. In: Psychological Inquiry 15, 2004, S. 103–125
48 Schuldenweltstudie 2015 von TNS Emnid für KRUK
49 Vgl. Sandra Konrad: Das beherrschte Geschlecht. Warum sie will, was er will, München 2018
50 Beate Hausbichler: »Die Scham sitzt Frauen in den Knochen«, 18.3.2018; https://derstandard.at/2000076117950/Die-Scham-sitzt-Frauen-in-den-Knochen, 10.12.2018
51 Beate Hausbichler: »Die Scham sitzt Frauen in den Knochen«, 18.3.2018; https://derstandard.at/2000076117950/Die-Scham-sitzt-Frauen-in-den-Knochen, 10.12.2018
52 Vgl. Sandra Konrad, 2018, S. 139
53 Ann-Kristin Tlusty: »Nirgendwo ist der Mann schwächer als in der Sexualität«, 4.10.2018; https://www.sueddeutsche.de/kultur/metoo-interview-1.3801247, 10.12.2018
54 Ann-Kristin Tlusty: »Nirgendwo ist der Mann schwächer als in der Sexualität«, 4.10.2018; https://www.sueddeutsche.de/kultur/metoo-interview-1.3801247, 10.12.2018
55 Ann-Kristin Tlusty: »Nirgendwo ist der Mann schwächer als in der Sexualität«, 4.10.2018; https://www.sueddeutsche.de/kultur/metoo-interview-1.3801247, 10.12.2018
56 Vgl. Uwe Leest, Christoph Schneider: Cyberlife II. Spannungsfeld zwischen Faszination und Gefahr, 5/2017; https://www.buendnis-gegen-cybermobbing.de/fileadmin/pdf/studien/2016_05_02_Cybermobbing_2017End.pdf, 10.12.2018
57 Vgl. Uwe Leest, Christoph Schneider: Mobbing und Cybermobbing bei Erwachsenen – die allgegenwärtige Gefahr, 9/2018; https://www.buendnis-gegen-cybermobbing.de/fileadmin/pdf/studien/mobbingstudie_erwachsene_2018.pdf, 10.12.2018
58 Eckhart Tolle: Jetzt! Die Kraft der Gegenwart, Bielefeld 2012, Digitale Ausgabe, Position 716
59 Oskar Piegsa: »Die Seele ist eine Hirnfunktion«, 19.11.2014; http://www.spiegel.de/kultur/literatur/hirnforschung-gerhard-roth-ortet-die-seele-im-gehirn-a-1003352.html, 10.12.2018
60 Vgl. Gerhard Roth: Persönlichkeit, Entscheidung und Verhalten. Warum es so schwierig ist, sich und andere zu ändern, Stuttgart 2007, 2015
61 Luiselotte Enderle über die letzten Tage von Erich Kästner, 13.8.1974; http://theodor-frey.de/friedhofsuedost1.htm, 21.12.2018
62 Dr. Joe Dispenza: Evolve your Brain. Von der Wissenschaft, seinen Geist zu verändern, 19.4.2016; https://www.youtube.com/watch?v=HeydTd2FCKw, 10.12.2018
63 Vgl. Leonardo Vintiñi: Können Gedanken die Realität ändern?, 12.6.2015; https://www.epochtimes.de/wissen/forschung/gedanken-koennen-die-realitaet-aendern-bestseller-autor-dr-dispenza-a526868.html, 10.12.2018
64 Vgl. Bruce H. Lipton: Intelligente Zellen. Wie Erfahrungen unsere Gene steuern, Burgrain 2014, 13. Auflage
65 Stefanie Maeck: Dankmuskel bitte anspannen, 26.12.2016; http://www.spiegel.de/gesundheit/psychologie/dankbarkeit-die-wurzel-fuer-gesundheit-und-wohlbefinden-a-1124119.html, 10.12.2018
66 Vgl. Brené Brown, 2013
67 Brené Brown, 2013, S. 49
68 Dr. Joe Dispenza: Evolve your Brain. Von der Wissenschaft, seinen Geist zu verändern, 19.4.2016; https://www.youtube.com/watch?v=HeydTd2FCKw, 10.12.2018
69 Jiddu Krishnamurti: Einbruch in die Freiheit, München 2015, 37. Auflage, S. 93
70 Jiddu Krishnamurti, 2015, 37. Auflage, S. 93
71 Theo Fischer: Wu wei. Die Lebenskunst des Tao, Reinbek bei Hamburg 2013, Digitale Ausgabe, S. 10

72 Peter Lindbergh mit Dr. Ulrich Bauhofer: »Transzendentale Gespräche«, 22.2.2018; https://www.youtube.com/watch?v=MUWfNRjc1QE, 13.12.2018

73 Beatles-Guru Maharishi Yogi ist tot, 6.2.2008; https://www.handelsblatt.com/arts_und_style/aus-aller-welt/eine-ikone-fuer-sinnsuchende-beatles-guru-maharishi-yogi-ist-tot/2919330.html?ticket=ST-386187-QDWgLH6h3jtDdXgobAil-ap3, 11.12.2018

74 Alexander Brüggemann: Maharishi Mahesh wurde als Guru von Stars wie den Beatles reich, 12.1.2018; http://www.badische-zeitung.de/panorama/maharishi-mahesh-wurde-als-guru-von-stars-wie-den-beatles-reich--148168330.html, 11.12.2018

75 Alex Raack: Maharishi Mahesh Yogi. Der Lieblingsguru der Hippies, 12.2.2018; http://www.spiegel.de/einestages/maharishi-mahesh-yogi-guru-der-hippies-und-beatles-a-1190885.html, 11.12.2018

76 https://wiki.yoga-vidya.de/index.php?title=Wissenschaftliche_Studien_Pranayama_(yogische_Atemübungen)&mobileaction=toggle_view_mobile, 11.12.2018

77 Samiha Shafy: Die süße Droge, 3.9.2012 ; http://www.spiegel.de/spiegel/print/d-87997205.html, 10.12.2018

78 Vgl. Robert H. Lustig: Die bittere Wahrheit über Zucker. Wie Übergewicht, Diabetes und andere Krankheiten entstehen und wie wir sie besiegen können, München 2016

79 Vgl. Laura Walk: Bewegung formt das Hirn: Lernrelevante Erkenntnisse der Gehirnforschung. In: DIE Zeitschrift für Erwachsenenbildung 01/2011, S.27–29; http://www.die-bonn.de/id/9137, 11.12.18

80 Deutsche Gesellschaft für Ernährung e. V. (Hrsg.): 13. DGE-Ernährungsbericht, 2016; https://www.dge.de/wissenschaft/ernaehrungsberichte/13-dge-ernaehrungsbericht/, 12.12.2018

81 Leopold Bergmann: Sonne macht fröhlich, 4.8.2013; https://www.sonnenexperten.de/index.php/beitrag-anzeigen-27/items/sonne-macht-froehlich.html, 12.12.2018

82 Vgl. Carina Rehberg: Vitamin D ist lebensnotwendig, 8.12.2018; https://www.zentrum-der-gesundheit.de/vitamin-d-ia.html, 12.12.2018

83 Vgl. Susanne Wedlich: Allein im Betongrab, 29.7.2013; http://www.spiegel.de/einestages/chronobiologie-schlaflabor-im-bunker-a-951188.html, 12.12.2018

84 Vgl. Andreas Weber: Die unerbittliche innere Uhr, 19.7.2004; https://www.geo.de/wissen/13369-rtkl-biorhythmus-die-unerbittliche-innere-uhr, 12.12.2018

85 Lisa Hegemann: Wenig Schlaf ist zu einem Statussymbol geworden, 4.1.2018; https://www.welt.de/wirtschaft/webwelt/article172158920/Tech-Unternehmer-Wenig-Schlaf-ist-zu-einem-Statussymbol-geworden.html, 12.12.2018

86 Vgl. Arianna Huffington: Die Schlaf-Revolution. So ändern Sie Nacht für Nacht Ihr Leben, Kulmbach 2016

87 Eknath Easwaran (Übers.): Die Bhagavad Gita. Die Quelle der indischen Spiritualität, München 2012, S. 63

IMPRESSUM

Projektleitung: Maria Hellstern
Lektorat: Alexandra Bauer (textwerk, München), Karin Leonhart für textwerk, München
Umschlaggestaltung und Layout: independent Medien-Design, Horst Moser, München
Cover- und -klappenfoto: Tobias Volkmann
Illustration: Claudia Lieb
Herstellung: Markus Plötz
Satz: Björn Fremgen, KONTRASTE
Reproduktion: Repro Ludwig, Zell am See
Druck und Bindung: C.H. Beck, Nördlingen

ISBN 978-3-8338-6824-5
1. Auflage 2019

Die GU-Homepage finden Sie unter www.gu.de

www.facebook.com/gu.verlag

Wichtiger Hinweis

Die Gedanken, Methoden und Anregungen in diesem Buch stellen die Meinung bzw. Erfahrung der Autorin dar. Sie wurden von der Autorin nach bestem Wissen erstellt und mit größtmöglicher Sorgfalt geprüft. Sie bieten jedoch keinen Ersatz für persönlichen kompetenten medizinischen Rat. Jede Leserin, jeder Leser ist für das eigene Tun und Lassen auch weiterhin selbst verantwortlich. Weder Autorin noch Verlag können für eventuelle Nachteile oder Schäden, die aus den im Buch gegebenen praktischen Hinweisen resultieren, eine Haftung übernehmen. Die persönlichen Angaben in den Fallbeispielen wurden von der Autorin geändert.

GRÄFE UND UNZER

Ein Unternehmen der
GANSKE VERLAGSGRUPPE